Charles Henry Rohe

Das Lied vom Hus

In sieben Gesängen

Charles Henry Rohe

Das Lied vom Hus
In sieben Gesängen

ISBN/EAN: 9783743416840

Hergestellt in Europa, USA, Kanada, Australien, Japan

Cover: Foto ©Thomas Meinert / pixelio.de

Manufactured and distributed by brebook publishing software
(www.brebook.com)

Charles Henry Rohe

Das Lied vom Hus

Das Lied vom Hus.

In sieben Gesängen

— von —

C. H. Rohe.

Ev.=Luth. Pastor zu Columbus, Ohio.

Columbus, Ohio:
Lutherische Verlagshandlung.
1884.

Inhalt.

Das Lied vom Hus.

Erster Gesang.

Die Haft.

Wer, sagt mir, ist zur Herrlichkeit
    Des Himmels eingegangen,
Dem nicht zuvor in dieser Zeit
    Oft wurden bleich die Wangen,
Der nicht des Lebens Dornenpfad
Mit seinem Blut gerötet hat
    Und heiß genetzt mit Thränen?

Der Satan und die Welt, sein Reich,
    Nach eurem Blut sie dürsten.
Um meinetwillen führt man euch
    Vor König' und vor Fürsten.
Indes ihr heulet, lacht die Welt.
Wohl dem, der treu zu mir sich hält!
    So sagt das Haupt der Kirche.

Wahrhaftig ist das Wort des Herrn,
    Er hält, was er versprochen.
Hat auch die Welt oft wütig gern
    Der Seinen Leib zerbrochen
Und sie ersäuft und sie verbrannt,
So hat er sie doch stets erkannt:
    Sie endeten mit Freuden.

Denn als mit Macht der Antichrist
    Allüberall regierte
Und würgte mit Gewalt und List,
    Was nicht sein Zeichen führte,
Rief Helden unser Gott hervor,
Die kühn des Volks bezaubert Ohr
    Mit seinem Donner weckten.

Wenn dann ihr Wort ins faule Fleisch
    Des Abgrundtiers geschnitten,
Und dieses drauf mit Wutgekreisch
    Sie mordete, — sie litten;
Sie trugen alles gern und froh,
Sie wußten, wenn ihr Geist entfloh,
    So ging er heim zum Vater.

So einst erhob im Böhmerland
    Johannes Hus die Stimme.
Bald war er weit und breit bekannt;
    Das Tier, — es knirscht' im Grimme.
Er trug empor des Wortes Licht;
Das war fürs Papsttum ein Gericht,
    Drum mußt' er Feuers sterben.

Am See, der seine Flut gemach
    Den Rhein hinunter sendet,
Ist Kostnitz bis zum jüngsten Tag
    Durch seinen Mord geschändet.
Schon Monde lag er dort im Turm.
Jetzt wogt die Stadt wie Meer im Sturm,
    Da vor Gericht er sollte.

Der Frühling war vorbeigeblüht
In Kostnitz' schönem Thale.
Ha, wie die Sonn' herunterglüht
Mit ihrem Sommerstrahle!
Der Acker heischt des Bauers Fleiß;
Doch wie auch sonst hier trieft sein Schweiß:
Heut stehen die Felder einsam.

Von allen Kirchen ruft Geläut,
Den Ketzer herzuführen.
Die Menge drängt sich, flucht und schreit
In Gassen, Fenstern, Türen;
Und der Legat bei Hörnerschall:
„Fleht für die Kirch', ihr Christen all,
Um Schutz vor Höllenpforten!"

Früh Morgens ist im großen Dom
Die Geistlichkeit versammelt
Und harrt des Ketzers, welchem Rom
Des Himmels Tür verrammelt.
Eilf Zeugen leisten bald den Schwur,
Zu reden lautre Wahrheit nur,
Als Hus hereingeleitet.

Doch einer tritt voll Angst zurück,
Ihn reut sein Vorsatz wieder.
„Ich helfe nicht zum Bubenstück!"
Ihm beben alle Glieder.
„Hängt ihm, so schreit man, einen Stein
An seinen Hals und stoßt im Rhein
Ihn unter, wo's am tiefsten!"

Den Sünder packt bei Kehl' und Hand
  Alsbald ein wilder Haufe,
Und stürzt ihn hoch vom Brückenrand,
  Daß er sofort ersaufe.
Dann jauchzen sie zum Dom hinein:
„Der Ketzergauch ist dort im Rhein
  Zur Hölle schon gefahren!"

In Priesterkleidern stand nun Hus
  Vor der Versammlung Augen.
„Ihr Väter! sagte Pogius,
  Laßt meine Worte taugen.
Ich hab' aus unsres Papstes Macht
Dem Hus das Schreiben überbracht,
  Das ihn hierher bestellte.

Der Kaiser hat ihm frei Geleit,
  Und Schutz der Papst versprochen.
Ihr aber habt den heiligen Eid
  Schon letzten Herbst gebrochen.
Denn als er männlich Rede that
Dem Papst und eurem hohen Rat,
  Habt ihr ihn eingekerkert.

Ihr ließt ihn fordern zum Gespräch,
  Die Stirn schon eine Wolke.
Doch freundlich ward ihm auf dem Weg
  Die Hand gedrückt vom Volke.
Da mußt' er gleich voll Heuchelschein,
Aufwiegler und Empörer sein,
  Der mit dem Pöbel buhle.

‚Kein faul Geschwätz ist, sagt' er da
    Aus meinem Mund gegangen.
Ich muß mit Liebe fern und nah
    Das Volk des Herrn umfangen.
Und wer nur zu mir nahet sich,
Ist teuer ja erkauft wie ich,
    Wie dürft' ich des mich schämen!'

Doch da begannet ihr zu schrei'n:
    ‚Was soll das Mühlgeklapper!
Gib Antwort einfach ja und nein,
    Kein lang und breit Geplapper!
Habt Ihr's gehört, Johannes Hus,
Verrufener Erzdiabolus
    Aus Hussinecz in Böhmen?'

‚Vergebt mir, sprach er, wenn mein Wort
    Nicht Ehr' euch sollt' erzeigen.
Doch bin ich nicht an diesen Ort
    Gekommen, um zu schweigen.
Gott muß man mehr gehorchen, als
Den Menschen, kostet's auch den Hals;
    Ich rede, weil ich glaube.

Und kann man mir mit gutem Grund
    Beweisen ein Vergehen,
So schlag' ich selbst mir auf den Mund
    Und will der Buße stehen.
Allein so lang ihr das nicht thut,
Heb' ich die Stirn mit freiem Mut
    Vor euren Herrlichkeiten.' —

Hus war auf euer Schmeichelwort
    Und Palecz' süße Bitten
Damals an euren Sammlungsort
    Vertrauensvoll geritten.
Ihr aber hattet Söldnertroß
Als Hinterhalt gewissenlos
    Gelegt in Nachbarhäuser.

Lang harrt das Volk der Wiederkehr
    Des böhmischen Johannes.
Nacht wird's; es staunt die Menge sehr
    Ob dem Verbleib des Mannes.
Denn ob man schriftlich sichren Schutz
Ihm auch gelobt, ihr botet Trutz
    Und warft ihn ins Gefängnis.

Bei Nacht und Nebel brachtet ihr
    Durch tief vermummte Schergen
Im Unweg ihn ans Ufer hier,
    Vorm Volk ihn zu verbergen,
Fuhrt auf des Wassers stiller Bahn
Ihn um die Stadt herum im Kahn
    Und schafftet in den Turm ihn.

Es stieg ein allgemeiner Schrei
    Zum Himmel auf entrüstet,
Daß Hus von schnöder Büberei
    So frech sei überlistet.
Wenzel von Düben und Graf Chlum
Entsandten Schrift zum Kaiser, um
    Beschwerde zu erheben.

Der Kaiser ließ für diesen Streich
　Mit scharfer Rüg' euch ätzen
Und forderte, den Hus sogleich
　In Freiheit zu versetzen,
Sonst werd' er euren Kerker hier
Erbrechen lassen; — aber ihr
　Verachtetet den Kaiser.

Acht Monden hat nun Hus in Haft
　Unsäglich schon geduldet.
Still trug er in des Höchsten Kraft,
　Was er doch nicht verschuldet.
Ach hätt' ich nie den Tag erlebt,
Zu sehen die Schmach, die ewig klebt
　An unsrer Kirche Fersen!

Denn oft noch habt ihr ihn geholt
　Vor eure Richterstufen;
Mit Schimpfen stets ihn angejolt,
　Er solle widerrufen.
Durch Schrecken habt ihr's oft versucht
Und wie Matrosen derb geflucht,
　Nachdruck dem Wort zu geben.

Half das nicht, botet ihr ihm Gold
　Und eine fette Pfründe
Und Ehre, Macht und Minnesold:
　Das waren eure Gründe.
Und wollt' auch das bei ihm nicht zieh'n,
So schloßt ihr immer fester ihn
　In eisernes Gegitter.

Dort unten ragt der Eckwehrturm,
  Des Fuß im Rhein sich badet.
Da muß er liegen wie ein Wurm,
  An Seel' und Leib geschadet.
Und wenn die Welle braust und zischt,
So spritzt durchs Gitterloch der Gischt
  In seine dunkle Kammer.

Drum als vor kurzem ich vernahm,
  Daß Krankheit ihn umfangen,
Und zu ihm ging, da brannte Scham
  In meinen beiden Wangen.
Ja als ich ihn erblickte klar,
Da stieg zu Berge mir das Haar
  Vor herzlichem Entsetzen.

Den Eingang, der hinunterführt,
  Verriegeln Eisenpforten.
Schon oben wird ein Ruch verspürt,
  Wie an verborgenen Orten.
Der Kerker ist ein eng Bereich,
Im Liegen stoßen Kopf zugleich
  Und Sohlen an die Wände.

Lang stand ich im Gewölbe da
  Und meine Zunge stockte,
Bevor ich recht im Finstren sah,
  Wo Hus auf Faulstroh hockte.
Da stand ein Topf mit Hirsebrei,
Ein Löffel lag von Holz dabei,
  Daneben stand ein Krug noch.

Die Haft.

‚Wer naht noch, Wärter, außer dir
    Sich hier dem Kot im Kote?
Willkommen sei er höchlich mir,
    Ist er ein Todesbote!
Ich möchte ja so herzlich gern
Daheim im Frieden sein beim Herrn.‘
    So Hus mit heisrer Stimme.

Ich aber sprach: ‚Ach, armer Hus,
    Wie kamt Ihr doch zu Schaden!
Ach grollt mir drum nicht voll Verdruß,
    Daß ich Euch vorgeladen!
Ich mußt's auf streng Geheiß ja thun;
Nun aber läßt es mich nicht ruh'n,
    Ich muß Euch hier besuchen.

Doch möcht' ich fragen auch zugleich,
    Ob Ihr nicht etwan innen
Geworden eines Irrtums Euch
    Bei ruhigem Besinnen?
Wir sind ja Menschen all und schwach,
Und Widerruf ist keine Schmach,
    Wenn wir uns einmal irrten.

Auch wollen Eure Richter nicht,
    Daß Ihr verderben solltet;
Nur daß Ihr kämet an das Licht
    Und richtig lehren wolltet.
Drum sprecht mit mir ein mildes Wort,
Damit ich Euch am rechten Ort
    Ein Lob bereiten könne!‘

Langsam erhob er sich vom Stroh
  Und lehnt' an meine Wange
Und sprach: „Was bin ich doch so froh
  Und wieder auch so bange!
Froh, daß Ihr mich besucht in Not,
Bang, daß mein Herz schwach wank' im Tod
  Und Gottes Wahrheit leugne.

Denn das bin ich mir wohl bewußt,
  Es gilt um Tod und Leben,
Und Satan hat nicht übel Lust,
  Den Todesstoß zu geben,
Dieweil ich ihm mit heiliger Schrift
Gefahren bin in sein Gestift,
  Den Götzendienst des Papsttums.

Wohl weiß ich, daß der Besserung
  Sich niemand braucht zu schämen.
Doch meiner Lehre Festigung
  Kann keine Kunst mir nehmen;
Denn das ist Gottes Felsenwort,
Der Sünder Trost, der Gläubigen Hort,
  Das Licht auf unserm Wege.

Zwar ist's mir hier elendiglich
  Zu Mute schon geworden;
Doch will mit Gottes Beistand ich
  Mich fröhlich lassen morden,
Bevor ich einen Fingerbreit
Von Gottes Wort in Ewigkeit
  Unüberführt will weichen.

Ich bitt' Euch aber, Pogius,
　So lieb Euch Eure Seele,
Helft, daß ich nicht verfaulen muß
　In dieser Jammerhöhle,
Damit ich einmal möge doch
Den blauen Himmelsbogen noch,
　Bevor ich sterbe, schauen!

Und wenn es stünd' in Eurer Kraft,
　Die Herren zu vermögen,
Daß meiner Lehren Eigenschaft
　Ich vor sie dürfte legen
Und zeigen ihren Schriftgrund dar,
Der wie die Sonn' ist offenbar,
　Ich würd's Euch ewig danken.'

Wehmütig nahm ich Abschied dann
　Und eilte zum Legaten
Und ging für Hus ihn freundlich an,
　Dem Elend doch zu raten.
De Causis aber drohte noch
Und gönnte Hus sein feuchtes Loch
　Voll Stank und Ungeziefer."

„Nie werd' ich, ruft De Causis drein,
　Zu unsrer Kirche Schande
Mit Eiderdun', Pastet' und Wein
　Sanft thun dem Höllenbrande.
Wer so dem Teufel sich ergibt,
Der fühl' auch, wie der Teufel liebt!
　Ich bin zu nichts ihm pflichtig.

Was! einem solchen Teufelssohn,
   Der offenbar als Ketzer,
Der wider Gott und Papstes Thron
   Ein Majestätsverletzer,
Dem sind vor Gott und Menschen wir
Nicht schuldig, ein Versprechen hier
   Und Treu' und Eid zu halten!"

„Ich lief, fuhr jener fort, zum Vogt
   Der Stadt für diesen Armen,
Und für den Mann, den ihr betrogt,
   Hatt' herzlich er Erbarmen.
Er nahm sein Amtsrohr ernst zur Hand
Und schwur: ‚Kein Unrecht hat Bestand
   Bei meinem Regimente!'

Drauf wurde Hus aus seiner Nacht
   In kalter, feuchter Grube
Ans Tageslicht heraufgebracht
   In eine warme Stube.
Wank war sein Schritt, sein Antlitz öd,
Die Wange bleich, das Auge blöd
   Und ausgefault die Zähne.

An seinen Fingern starrten steif
   Die Nägel gleichwie Klauen.
Sein Haar, sonst braun, war schon wie Reif
   Des Winters anzuschauen.
Und auf der Haut, wo sein Gewand
Hinweggemodert, ach, da stand
   Der Kot wie eine Kruste.

So schwankt' er her und keuchte schwer,
　　Kaum seiner Füße mächtig.
Man brachte Speis' und Kleider her
　　Und pflegte sein bedächtig.
Es schnitt mir bis ins Herz hinein
Und hätt' erbarmt wol einen Stein,
　　Den Leichnam anzusehen.

Es will" — des Redners Auge schwamm —
　　„Nicht ziemen Christi Hirten,
Grausamer, als der Wolf das Lamm,
　　Zu martern den Verirrten!"
Hier hob sich Murren und Verdruß
Und wuchs und wuchs, daß Pogius
　　Erbleichend mußte schweigen.

Wie Donner aus der Wolke bricht,
　　So brüllten sie: „Der Schwätzer!
Wie? stehen wir hier vor Gericht?
　　Was? oder dieser Ketzer?
Seit wann bist du denn, Pogius,
Ein Anwalt für den Lügner Hus?
　　Du bist wol seinesgleichen!"

„Wie könnt ihr, sagte Hus erglüht,
　　So schon das Urteil sprechen,
Eh' ihr nur einen Finger müht,
　　Zu zeigen ein Verbrechen!
Ich suche durch der Wahrheit Glast
Aus eurer Lügen Stankmorast
　　Die Seelen nur zu retten."

Als Hus so öffnete den Mund
    Zu billiger Beschwerde,
Da schrie und stampfte man den Grund
    Mit wütiger Geberde.
Man stellt' ihm vierzig Fragen dann,
Die er, indem er sich besann,
    Verneint' und teils bejahte.

Zwei Zeugen traten jetzt herzu
    Und sagten: „Diese Motte
Sprach: ‚Sollt' ich vor des Papstes Schuh
    Anbeten wie vor Gotte?
Gäb lieber doch dem Bösewicht
Maulschellen links und rechts, die nicht
    In hundert Jahren schwänden!'"

Drauf zeugten andre: „Dieser Mist
    Sagt' auch vor unsern Ohren:
‚Papst Johann ist der Antichrist,
    Ein Tier hat ihn geboren.
Er lässet Ablaß predigen
Den Dieben und Meineidigen,
    Wenn's nur brav Gulden regnet'."

Noch andre: „Mörder nennt der Steiß
    Den Papst, weil Sbynko mutig
Drei Pragern jüngst auf sein Geheiß
    Gemacht die Hälse blutig.
Drum hab' ein Wildschwein auch alsbald
Dem Erzbischof im tiefen Wald
    Den feisten Wanst zerschlissen."

Nun schmäht' ihn alles ohne Scham
Und flucht' in allen Zungen,
Und der Legat De Caufis kam
Geballter Fauft gesprungen:
„Stell jetzt,* du Gans, dein Schnattern ein;
Denn brennen soll dein dürr Gebein,
Daß knistert es und knastert!

Du bist in unserer Gewalt
Und sollst uns nicht entrinnen.
Zurück zu deinem Aufenthalt
Bei Kröten und bei Spinnen!"
Man zerrt ihm ab das Priesterkleid
Und gibt mit Stößen ihm Geleit
Zurück zum feuchten Kerker.

Hier fiel durch einen Mauerritz
Herab ein matter Glinster.
Hus kauert auf gewohntem Sitz,
Von inn= und außen finster.
Und weinend müht sein schwerer Geist
Sich auf zu dem, der Vater heißt
Im Himmel und auf Erden.

*Der Name Hus bedeutet auf deutsch so viel als:
Gans.

Zweiter Gesang.

Ein Rückblick.

Am selben Abend kamen noch,
　　Vom Staube des Gewühles
Bedeckt, zu Hus ins Kerkerloch
　　Zwei Väter des Conciles:
Der Abt von Corvey, alt und mild,
Vincent Ferrerius, ein Bild
　　Von jugendlicher Blüte.

„Gott grüß' Euch! sagte sanft der Abt,
　　Und seine Lippe bebte.
Heut habt Ihr einen Tag gehabt,
　　Wie ich ihn nie erlebte.
Noch zittert mir mein altes Herz
Und möchte springen schier vor Schmerz
　　Ob dieser schnöden Unbill.

Man hat, woran Ihr nie gedacht,
　　Wol heut Euch aufgebürdet.
Doch wär' es wol nicht angebracht,
　　Wenn Ihr Euch beugen würdet?
Verhütet doch der Kirche Schmach
Und laßt von Eurer Meinung nach
　　Vor diesem hohen Rate!"

„Ich dank' Euch, daß Ihr zu mir kommt!
 Antwortet' Hus gelassen.
Doch weiß ich nicht, wozu es frommt,
 Vor Menschen zu erblassen.
Dem rechten Richter Jesus Christ,
Der seiner Wahrheit Schirmer ist,
 Hab' ich mich übergeben."

„Ach, scheut doch nicht, viel lieber Hus,
 So drängt' im Jugendbrande
Der feurige Ferrerius,
 Des Widerrufes Schande!" —
„Noch größre Schand' ist Flammentod,
Und soll ich ziehen mich aus der Not,
 Sagt, wider das Gewissen?"

„Wie seid Ihr doch, so sprach der Greis
 Wol tadelnd, doch mit Glimpfe,
Geraten in dies Fahrgeleis,
 Das Euch entführt in Sümpfe?" —
„Erzählt uns, bat Vincent gelind,
Wie kam's, daß Ihr Euch arg gesinnt
 Auflehntet wider Päpste?"

„Vernehmt denn, wie der Höchste mich,
 Der für die Seinen streitet,
Begann nun Hus, so wunderlich
 Bis hierher hat geleitet;
Wie er mir alle Morgen neu
Barmherzigkeit und Vatertreu'
 Hat widerfahren lassen!

2

Zu Hussinecz in Böhmen trat
   Ich ein ins Thal der Zähren.
Mein' Eltern mussten früh und spat
   Bei saurer Not sich nähren;
Doch wollten frommen Sinns sie gern
Mich auferzieh'n zur Furcht des Herrn
   Und sandten mich auf Schulen.

Ich war in meiner Jugend ganz
   In Sicherheit versunken
Und von der Welt und ihrem Glanz
   Und meiner Wollust trunken,
Bis dass mich Gottes starke Hand
Zurückriss von des Abgrunds Rand,
   An dem ich taumelnd irrte.

Er zog mich aus dem Sündentod —
   Ich musste tief mich schämen —
Und führte mich, wie einst den Lot,
   Aus Sodoms Feuerströmen.
Und dieser Rettung Liebesthat
Ist solch ein Wunder, dass die Gnad'
   Anbetend ich erstaune.

Sein Wort, es drang wie Schwert und Spieß
   Durch Mark mir und Gebeine
Und heilt' und freute himmlisch süß
   Mit Oel mich dann und Weine.
Er führte väterlich darauf
Durch Schmach und Trübsal meinen Lauf;
   Da ward ich arm im Geiste.

Im Licht des Worts erkannt' ich auch,
  Wie Satan den Genossen
Der Kutte, deren Gott der Bauch,
  Die Augen so verschlossen.
Mein Herz entbrannte für das Heil
Der Armen, deren traurig Teil
  Ist Thränenbrot auf Erden.

Bei vielen ward ein Dürsten wach
  Nach Gottes Lebensquelle.
Drum baut' ein frommer Mann zu Prag
  Die Bethlehemskapelle,
Daß in der Landessprache da
Den Schmachtenden von fern und nah
  Das Wort des Heils erschalle.

Hier rief der Herr mich in das Amt,
  Das die Versöhnung predigt.
Erst wenn ihr mich zum Tod verdammt,
  Bin ich davon entledigt.
Hier drängten Schaaren Tag für Tag
Heran sich hungrig, und ich brach
  Das Brot des Lebens reichlich.

Schon früher war im Böhmerland
  Das reinre Wort erklungen.
Frei hatten ihren Herrn bekannt
  Zeugen mit Feuerzungen.
So Konrad Stiekna, der gar bald
Durch seiner Predigt Allgewalt
  Sich fachte bittre Feindschaft.

Ihm folgt' ein größer Licht sodann,
　　Johann Milicz aus Mähren,
Der aller Herzen sich gewann,
　　Ließ seine Stimm' er hören,
Der Tausende zum Heiland zog
Und selbst in Rom, dem Säuetrog,
　　Die Eber niederspießte.

Mathias Janow reihte sich
　　Als dritter dann an diese.
Er drang auf Glauben innerlich,
　　Der sich im Werk erwiese.
Die Weltlichkeit und Heuchelei
Der Mönch' und Priester straft' er frei;
　　Drum mußt' er in Verbannung. —

Zu Wilsnak auf dem Steinaltar —
　　So log man drauf dem Pöbel —,
Der stehen einst geblieben war
　　Trotz Feuer und trotz Säbel,
Da hatte man noch unverderbt
Drei Hostien, ganz rot gefärbt
　　Mit Christi Blut, gefunden.

Nun sah ich sie von Dänemark,
　　Von Schweden, Polen, Böhmen
Nach Wilsnak zu dem Wunderquark
　　In hellen Haufen strömen.
Auch von der Weser und vom Rhein
Und von der Rhone fand sich ein
　　Die Menge der Bethörten.

Das brachte mich bis an den Rand
　　Im Dulden und im Schweigen.
Mein Herz ergriff ein heiliger Brand,
　　Den Abgrund aufzuzeigen.
So trat ich denn getrost hervor
Und malte jedem offnen Ohr
　　Den Greuel dieses Unfugs.

Erzbischof Sbynko stand von Prag
　　In diesem heißen Streite,
Der schwer mir auf dem Herzen lag,
　　Anfangs auf meiner Seite. —
Da ward in meiner Hand gewetzt
Das Schwert des Geistes, das bis jetzt
　　Nicht wieder eingerostet.

In meinem Pfarramt that ich nun
　　Noch immer tiefere Blicke
In der Geschornen höllisch Thun
　　Voll Lugs und Trugs und Tücke,
Das sich in Tiefen oft verlor
Der Bosheit, daß mein Blut gefror
　　Und mir das Herz erbebte.

Es kamen auch aus England hier
　　Zwei junge Theologen,
Die dort in brennender Begier
　　Des Wyclef Geist gesogen,
Und wie Hieronymus von Prag,
So predigten sie Tag für Tag
　　Die Lehren ihres Meisters.

Darob verfolgt, gebrauchten klug
　　Nur Bilder sie zum Lehren.
Das eine zeigte Christi Zug,
　　Des Königs doch der Ehren,
Wie er auf einem Esel ritt
Und seine Dornenkrone litt,
　　Die Jünger barfuß gingen.

Das andre war der Papst von Rom
　　Auf einem stolzen Zelter.
Er ritt in einem Menschenstrom
　　Und Schwarme Hochgestellter.
Die prangen all' in Seid' und Sammt,
Und auf des Papstes Haupt erflammt
　　Die dreifach goldne Krone.

Das schürte nur noch mehr den Haß
　　Und macht' auch mich verdächtig,
Dieweil ich sonder Unterlaß,
　　Durch Christi Gnade mächtig,
Die faulende Versunkenheit,
Insonders unsrer Geistlichkeit,
　　Mit scharfem Worte rügte.

Nun ward von Sbynko ich verklagt
　　Beim Papst zu Rom als Ketzer.
Mir ward das Predigen untersagt
　　Als einem Volksverhetzer.
Ich war mir nicht bewußt, vom Wort
Gewankt zu sein, und fuhr drum fort
　　Im Amt ganz unbekümmert.

Ich wollte nicht um täglich Brot
   Mich unterwürfig beugen,
Noch auch aus Furcht vor Schmach und Tod
   Der Wahrheit Gottes schweigen.
Sie heischten Wunder dann von mir;
Mein Zeugnis, sprach ich, sehet ihr:
   Bekenntnis ist's und Wandel.

Ich ward darauf nach Rom bestellt;
   Allein ich blieb zu Hause,
Für meine Thorheit wär' Entgelt
   Sonst eine dunkle Klause.
Schon war der Bann gesprochen; doch
Da ließ man ruh'n die Sache noch
   Zu neuer Untersuchung.

Denn vor der Universität
   Hatt' ich bekannt die Lehre,
Für die ich, bis mein Odem steht,
   Mit Gut und Blut mich wehre.
Drum kam beim Papst sie für mich ein
Mit König Wenzel im Verein
   Und wirkte mir den Einhalt.

Nun aber drängte Ladislaus
   Den Papst im Krieg gar heftig,
Und dieser sandte Boten aus
   Mit Briefen, ablaßkräftig
Für jeden, der mit seinem Mut,
Mit seinem Leben, Geld und Gut
   Beistünd' im Kampf dem Papste.

In Böhmen ward so schamlos frech
　　Bei großem Volksgewimmel
Jedwedem Buben für sein Blech
　　Vom Papst verkauft der Himmel,
Daß Palecz, ich, Hieronymus
Und andr' aus Jammer und Verdruß
　　Die Stimme laut erhoben.

Doch Palecz mit noch andern zog
　　Aus Furcht vor Papst und König —
Des Aufruhrs Wellen stiegen hoch —
　　Zurück sich unterthänig.
Ich aber konnte nicht mit Ruh'
Den Teufelsboten sehen zu,
　　Wie sie das Volk betrogen.

Drum zeugt' ich kräftig Tag für Tag
　　Aus Gottes Wort dawider
Und disputirt' im Dom zu Prag
　　Den Höllenablaß nieder.
Was frag' ich nach des Tieres Horn,
Des Kaisers Acht, des Teufels Zorn,
　　Wenn man die Seelen mordet!

Man fand den Ablaßkrämer bei
　　Zwei stadtbekannten Huren.
Man zwang auf Karren alle drei,
　　Daß durch die Stadt sie fuhren,
Und hing, dem Volk zur Augenlust,
Den Metzen auf entblößte Brust
　　Des Buben feile Zettel.

Auch rottete sich aus der Stadt
   Nun eine Zahl von Bürgern,
Zu widersprechen keck und platt
   Den falschen Seelenwürgern.
Man legte sonder Aufenthalt
Den ersten Schreiern blank und kalt
   Die Köpfe vor die Füße.

Ihr Blut, entrieselnd durch die Tür,
   Verriet die Mordhandwerker.
Da holt sie kühn das Volk herfür,
   Aufbrechend ihren Kerker,
Und trägt die Leichen stundenlang
In alle Kirchen mit Gesang
   Und setzt sie bei mit Weinen.

So pries es sie als Märtyrer,
   Die fest den Herrn bekannten.
Auch ward der Ablaßprediger
   Ergriffen von Studenten.
Die nahmen seine Bullen ihm,
Zerrissen sie mit Ungestüm
   Und warfen sie ins Feuer.

Nun ward der Erzbischof gehetzt
   Durch Mahnen und durch Spotten,
Die Ketzerbrut in Böhmen jetzt
   Samt Wurzel auszurotten.
Man giert' in immer größrer Wut
Insonderheit nach meinem Blut
   Durch Boten und durch Briefe.

Auch hätt' ich, ward geklagt gar herb,
    Studenten viel vertrieben,
Daß vielen Pragern nicht Erwerb
    Noch Nahrung sei geblieben,
Und aus demselben faulen Grund
War bei dem Kaiser Sigismund
    In Ungnad' ich gefallen.

Sbynko begann schon, ein Gericht
    Zu setzen ein verborgen.
Doch wozu einen Papst, wenn nicht
    Das Fluchen zu besorgen?
Es schleuderte der Papst verrucht
Auf meinen Kopf mit großer Wucht
    Den glutbeschwingten Bannstrahl.

Auch sollte wie ein Fluch sofort
    Des Interdiktes Bürde
Ertötend drücken jeden Ort,
    Den ich betreten würde.
Ich aber appellirte jetzt
An Jesum Christum, der gesetzt
    Zur Rechten ist des Vaters.

Mit Thränen drauf verließ ich Prag,
    Unruhen zu vermeiden,
Und ging nach Hussinecz, die Schmach
    Des Herrn allda zu leiden.
Hier predigt' ich auf freiem Plan
Und sah die Hörer oft heran
    Zu Tausenden sich schaaren.

Inzwischen wurde das Concil
    Nach Kostnitz ausgeschrieben.
Wie schwer es auch dem Fleische fiel,
    Ich bin nicht weggeblieben.
Wie konnt' ich auch beim Papst und Euch,
Dem Haupt und Licht in Christi Reich,
    Verrat und Treubruch ahnen!

Vor niemand will, zu keiner Zeit
    Der Wahrheit ich mich schämen.
Drum kam ich fröhlich im Geleit
    Des Grafen Chlum von Böhmen
Und traut' auf unsres Kaisers Wort,
Daß, lauert' auch Verrat und Mord,
    Doch er mich werde schirmen.

Denn was läßt Gutes sich mit Fug
    Von einem Papst erhoffen,
Der ganz in Frevel, Lug und Trug
    Und Wollust ist ersoffen,
Der einst zur See ein Räuber war
Und jetzt in Gottes Tempel gar
    Ausübt sein Räuberhandwerk!"

„Ihr redet recht, mein Bruder Hus!
    So rief der Abt mit Rührung.
Wenn alles untergehen muß
    Durch höllische Verführung,
Wem bränt' es dann das Herz nicht ab,
Daß er mit seinem Hirtenstab
    Der Pest nicht dürfte steuern!

Zu alt ist schon mein grauer Kopf,
  Sonst trät' ich Euch zur Seite.
Nicht kannt' anher ich armer Tropf
  Den Grund von Eurem Streite.
Nun aber will ich keinen Teil,
So lieb mir ist mein ewig Heil,
  An Eurem Unglück haben."

„Doch das Concil hat, sprach Vincent,
  Schon gute Frucht gezeitigt.
Ein Schisma hatt' uns ja getrennt,
  Das hat es doch beseitigt
Und abgedankt das Dreigespann
Von Päpsten, die sich drauf und dran
  Einander selbst verfluchten."

„Und dies Concil, das selbst ergrimmt
  Die Päpste stößt vom Stuhle,
Läßt hier, wo man im Kote schwimmt,
  Verkommen mich im Pfuhle,
Weil ich dieselbe Päpsterei
Und ihre Diebesklerisei
  Als treuer Wächter anfocht!"

„Das, rief der Jüngre, wird es nicht!
  Noch gibt es hier auf Erden
Gerechtigkeit und recht Gericht,
  Das wird zu Teil Euch werden.
Ich mindestens, ich habe noch
Gewissen, und das ist auch doch
  Bei Andern nicht erstorben!"

„Ich sehe nicht so rosig mehr!
So seufzt der Greis mit Zähren;
Mir ist das Herz von Ahnung schwer
Und kann sich nicht erwehren.
Hus, unterliegt Ihr, haltet fest!
Ihr sieget doch; denn Gott verläßt
Nie einen treuen Diener!"

„Was ich geglaubt, was ich gelehrt,
Das ist nicht mein Erfinden.
Es ist das Wort, so teuerwert,
Das uns erlöst von Sünden.
Bricht drum die Höll' auf mich herein,
So daß es muß gestorben sein,
So füg' ich mich, wie Gott will!"

In Lieb' und Mitleid heiß entbrannt
Für diesen Christbekenner,
Verließen mit dem Druck der Hand
Und Thränen ihn die Männer.
Er aber sank, zum Tode matt,
Aufs Angesicht und weinte satt
In brünstigem Gebet sich.

Dritter Gesang.

Das Verhör.

Des Junimondes vierter Tag
Fuhr hoch in seinem Glanze.
Des Bodensees Gewoge lag
In grüner Ufer Kranze.
Heut trug sein Spiegel keinen Kahn,
Und seines Ufers Halden sah'n
Nicht Mäher heut noch Winzer.

Denn jetzt hielt Kaiser Sigismund
In wolkenloser Sonne
Zu Kostnitz, das von Fahnen bunt
Und trunken war von Wonne,
Bei Volksandrang wie Wogenschwall
Und schmetterndem Trompetenhall
Gar prächtig seinen Einzug.

Ihn trägt ein Roß in stolzem Tanz,
Weißäugig, rot von Mähne,
Im Maul Gebiß von goldnem Glanz,
Am Sattel Silbersträhne.
Auch schwenkt das Tier auf hohem Haupt,
Indes die Nüster feurig schnaubt,
Von Federn ein Gebüschel.

Er prangt in Scharlach, schwarzem Sammt
　Und seidenem Barette,
Und golden in der Sonn' erflammt
　Die Kron' und Busenkette.
Ein Herold reitet vor ihm auf
Und schreit die Mengen, die zuhauf
　Sich scharen, auseinander.

Und ihn begleiten hoch zu Roß
　Die Fürsten und die Großen,
Und ihnen folgt der Diener Troß,
　Die mit dem Volk sich stoßen.
Die Lanzen ragen wie ein Wald,
Und von den Häusern wiederhallt
　Der Pauken froh Geschmetter.

Und mit dem Haufen zogen ein
　Von Frankreich, England, Böhmen,
Vom Ostseestrande wie vom Rhein
　In lauten, wüsten Strömen,
Wie Raben nach der Leichen Hauch,
Die Gaukler, Bettler, Metzen auch
　Bei hundert und bei tausend.

Den Tag hindurch im Waffenspiel
　Die Ritter dann sich maßen,
Und als die Nacht schon niederfiel,
　Durchlärmt' es noch die Straßen;
Mailänder tranken unbesiegt,
Und Juden schmunzelten vergnügt,
　Und Ungarn führten Tänz' auf.

Doch als der Morgen strahlt' empor
  In blutig rotem Lichte,
Rief aller Glocken schriller Chor
  Die Väter zum Gerichte.
Und ihnen nach zum weiten Dom
Hinwälzte sich ein großer Strom
  Von Männern, Weibern, Kindern.

Im Dom schon wogt' es hin und her
  Von neubegieriger Menge.
Hus ward zu seiner Bank nur schwer
  Gezerrt durch das Gedränge.
Dann kündete zur Tür herein
Trompetenstoß das Nahesein
  Des Kaisers und der Edlen.

Ein veilchenblauer Thron empfing
  Sigmund an hohem Orte,
Und über seinem Haupte hing
  Ein Dach mit goldner Borte.
Zu beiden Seiten stiegen dann,
Mit ihrer Amtstracht angethan,
  Die Väter zu den Sitzen.

Drauf stand der Schreiber auf und las
  Die Punkte vor und Klagen,
Von denen ohne Wie und Was
  Hus los sich sollte sagen,
Wenn nicht das grause Strafgericht,
Das Ketzer wie ein Leu zerbricht,
  Sollt' ihm das Haupt zermalmen.

In seinem schwarzen Priesterkleid
　　Erhob sich der Verklagte
Und sprach, dass alle nah und weit
　　Vernahmen, was er sagte.
Hehr stand sie da, die Hochgestalt,
Sein Auge blickte fest und kalt
　　Auf Cardinal und Bischof.

„Mit Thränen hab' ich, sprach er laut,
　　Und seine Stimme bebte,
Oft zu dem Herrn empor geschaut,
　　Dass ich den Tag erlebte,
An dem ich meiner Lehren Fug
Und meiner Feinde Gift und Lug
　　Aufdecken könnt' euch allen."

„Kein lang Geplärre fing' uns hier!
　　Der Stuhlherr rief's voll Eifer;
Hast jetzt den Pöbel nicht vor dir,
　　Dem sonsten troff dein Geifer.
Antworte bündig hier auf das,
Was man als deine Schuld verlas,
　　Und nimm zurück den Irrtum!"

„Zuerst wird das mir vorgerückt,
　　Begann der Böhmer wieder,
Dass ich gar frech und ungeschickt
　　Den Glauben würfe nieder,
Als wandle durch des Priesters Wort
Die Hostie sich immerfort
　　Ins Fleisch des Menschensohnes.

Ich geb' es zu, das glaub' ich nicht
Und würd' auch nie es lehren;
Denn dieses heißt, das helle Licht
In Finsternis verkehren.
Ich bleibe bei dem Wort des Herrn
Und beuge mich darunter gern,
　Es gibt mir Licht und Leben.

Die Schrift gibt keinem Priester Kraft,
　Der selbst ist ein Geschöpfe,
Daß er Geschöpf zu Gott umschafft,
　Wie einen Thon in Töpfe,
Und daß den Christen er den Wein
Vom Munde stiehlt, als wär' er sein.
　Wer's anders weiß, der rede!

Zum andern klagt man hart mich an,
　Ich leugnete verwegen,
Daß sich der Papst nicht irren kann
　In seinem Fluch und Segen;
Die Heiligen auch rief' ich nicht
In frommem Glauben, wie es Pflicht,
　Zu Mittlern an in Nöten.

Auch das gesteh' ich frank euch ein
　Und will davon nicht weichen.
Wie kann ein Papst unfehlbar sein,
　Der ganz doch unseresgleichen?
Ist er in Sünden nicht wie wir,
Empfangen und geboren hier
　In dieser Welt von Sündern?

Gehört der Papst nicht in die Zahl,
	Die fehlbar sich muß nennen?
Ist er allein im Jammerthal,
	Der nicht braucht zu bekennen:
So du, Herr, mit mir rechten willst
Und deinen Zorn in Huld nicht stillst,
	Bin ewig ich verloren?

Ob denn der Heiland Scherz nur treibt
	Und will zum Lügner werden,
Wenn er des Menschen Herz beschreibt,
	Des Menschen von der Erden,
Wie aus demselben Lug und Mord
Und Ehebruch und Heuchelwort
	Hervor beständig quillen?

Es kann in ewig Weh und Leid
	Die Seelen nur betrügen
Die rasende Vermessenheit
	Und schwärzeste der Lügen,
Daß eines Weibes sündiger Sohn
Dem großen Gott im höchsten Thron
	Soll hier im Staube gleich sein.

Und warum soll die Heiligen ich
	Um ihre Hülf' anflehen,
Da sie vom Himmel sicherlich
	Nicht unsern Jammer sehen,
Und auch die Kraft sie gürtet nicht,
Wie uns belehrt des Wortes Licht,
	Aus Sünd' und Tod zu helfen?

Auch spricht der Herr, in dessen Hand
   Allein liegt Tod und Leben:
Mir ganz allein soll jeglich Land
   Und Volk die Ehre geben
Und meinen Namen rufen an,
Der ewiglich erretten kann
   Von Missethat und Hölle!

Und unser Heiland, der da ist
   Ins Mittel eingetreten,
Lehrt uns zum Vater jeder Frist
   Ganz zuversichtlich beten.
Wer andre zwischen sich und Gott
Einschiebt, macht Christi Kreuz zu Spott.
   Wer's anders weiß, der rede!

Zum dritten legt man mir zur Last,
   Daß noch die Ohrenbeichte,
Die Rom mit Inbrunst hält umfaßt,
   Nie meine Gunst erreichte,
Indem ich stets sie von der Hand
Gewiesen hab' als Menschentand,
   Den Gottes Wort nicht kenne.

Und dabei bleib' ich ohne Wank,
   Bis man mich überzeugte
Aus heiliger Schrift, der frei und frank
   Ich stets den Nacken beugte.
Wer seines Herzens Angstbeschwer
Aus freien Stücken nennt daher,
   Dem sei der Trost gespendet.

Wer's aber nicht zu thun vermag,
    Dem seien keine Stricke
Geworfen an den Hals hernach
    Durch eines Priesters Tücke.
Denn Pfaffen rülpsen dieser Zeit
Im Beichtstuhl von der Frömmigkeit,
    Daß Gott sich mög' erbarmen.

Des Morgens schlunden sie wie toll,
    Wenn sie gelallt die Messen,
Und speien dann die Ecken voll
    Mit dem, was sie gefressen.
Und um die Vesper leiern sie
Ein schläfriges Ave-Marie
    Und greifen zu den Karten.

Bei Festen sind sie stets bereit,
    Zu fideln und schalmeien
Und sich mit einer drallen Maid
    In Winkeln zu kasteien,
Und treiben oft an dunklem Ort
Ohn' alle Scheu die Wollust fort
    Bis an den lichten Morgen.

O doppelt Schmach und dreimal Schmach
    All solchen Volkserziehern,
Die wie die geilen Hengste nach
    Des Nächsten Weibe wiehern
Und ihres Amtes unbewußt
Im Unflat wüster Fleischeslust
    Der Höll' entgegenwaten!

O heilig, herrlich, göttlich Amt,
  Von Christo uns befohlen,
Die Sünder, die der Zorn verdammt,
  Aus Höllenpfuhl zu holen,
Wie wird, den Seelen nur zum Tod,
Dein Trost getreten in den Kot
  Von Mietlingen und Wölfen!

Ihr Thun und Lassen heißt die Zeit
  Nur freventlich vergeuden.
Ihr Herz sinnt nur auf Jagd und Maid,
  Des Weins und Schmauses Freuden,
Und wie es feig mit Dolch und Faust,
Wenn eines Hahnreis Zorn erbraust,
  Sich für sein Leben wehre.

Und solchen Seelverderbern soll
  Das Herz sich anvertrauen,
Wenn's einst nach diesem Jammer woll'
  Ein ewig Leben schauen?
Ach daß der Herr doch sähe drein
Und schlüg' in solche Mörder ein!
  Wer's anders will, der rede!

Zum vierten wird hier ebenfalls
  Als Schuld mir vorgehalten,
Daß Gott ich mehr gehorche, als
  Den irdischen Gewalten
Und allem ohne Trug und List,
Wenn's wider das Gewissen ist,
  Aufsage den Gehorsam.

Ist's recht denn, daß der Papst verbannt,
  Die Licht und Wahrheit suchten,
Und der wird Kirchenfreund genannt,
  Der mordet die Verfluchten?
Daß selbst dem Bruder Dolche schleift
Der Priester und nach Gifte greift
  Für den, der ihn gezeugt hat?

Ist's recht, daß man die Kinder lehrt
  In Klosterzellen fliehen
Und so, von Gottes Fluch beschwert,
  Den Eltern sich entziehen,
Indessen diese hülflos geh'n
Und weinend ihre Kinder seh'n
  Heimfallen dem Verderber?

Ist's recht, daß mir man stopft den Mund,
  Da ich doch Gott geschworen,
Die Wahrheit frei zu machen kund
  Dem, der vom Weib geboren,
Zu denen, wie es däuchte mich,
Auch Fürst und Papst muß rechnen sich?
  Wer's anders weiß, der rede!

Zum fünften flucht man sonder Scham,
  Weil ich mit heiligem Grimme
Ob dem verdammten Ablaßkram
  Erhebe meine Stimme,
Da man das arme Volk betrügt,
Als könnt' es, wie man gottlos lügt,
  Für Geld den Himmel kaufen.

Zuwider diesem Teufelsstank,
　　Den haucht der Hölle Brodem,
Will schreien ich ohne Furcht und Wank,
　　Bis aus mir geht der Odem.
Nur Jesu Christi Kreuz und Blut
Macht uns vor Gott gerecht und gut,
　　So wahr der ewige Gott lebt!

Und wozu ist der Greuel auch
　　Erlogen und erstunken,
Als daß des Papstes Gott, der Bauch,
　　Von Opfern werde trunken
Und mit des Golds und Purpurs Pracht
Und Diamanten und Smaragd
　　Den Madensack behänge?

Wozu, als daß in großem Strom,
　　Der nimmer kann versanden,
Des Goldes Bäche geh'n nach Rom
　　Aus Völkern weit und Landen,
Damit der Papst bei Schwelgerei
Und schönen Dirnen lustig sei,
　　Indes die „Ketzer" bluten?

Ist da die Kirche, die uns Heil
　　Der Seelen sorgt mit Schmerzen,
Wo man das Heilige hat feil,
　　Wie Metzen ihre Herzen?
Nein, Rom hat Satan lange schon
Gemacht zu seines Reiches Thron.
　　Wer's anders weiß, der rede!

Zum letzten möcht' als Fluch und Bann
    Mir auf das Haupt man's kehren,
Daß ich die Priesterehe kann
    Als frei vor Gott erklären.
Allein wo ist, wenn kocht die Lust,
Der Priester, der von Sündenwust
    Sich unbefleckt erhielte?

Des Schöpfers Stiftung ist der Bund
    Des Mannes mit dem Weibe.
Ihr aber richtet ihn zu Grund
    Zu eurem Zeitvertreibe;
Denn keine Witwe schier im Land,
Nicht Weib noch Jungfrau kann der Schand'
    Entflieh'n sogar im Beichtstuhl!"

„Halt ein, verruchtes Lästermaul!"
    So rasten jetzt die Väter.
„Tod und Verderben diesem Saul!"
    Brüllt durch den Dom der Zeter.
„Werft ihn hinaus in Finsternis,
Wo klappern wird sein Giftgebiß
    Und heulen seine Zunge!

Verflucht sei der, der ihn gezeugt,
    Und die ihn einst geboren,
Die Brüste, die ihn aufgesäugt,
    Verflucht der Mund, die Ohren,
Die Lehrer, Freunde, Stadt und Land,
Die ihre Lieb' ihm zugewandt,
    Verflucht bis in die Hölle!"

„Ihr Flucher! donnerte Graf Chlum
Und sprang von seinem Sitze
Und schwang den Säbel rund herum
Mit Augen voller Blitze.
Der ist des Todes, der dem Hus,
Bis daß auch ich verenden muß,
Ein Haar nur wirft vom Haupte!

Ist's nicht genug, daß ihr ihn habt
Verräterisch verriegelt?
Daß ihr an seinem Schmerz euch labt
Schamlos und ungezügelt?
Und mich umsonst wol zwanzigmal
Von Cardinal zu Cardinal
Fürbittend ließet traben?

So hält bei euch, ihr Pfaffen, man
Das Kaisers Wort in Ehren?
Und flucht wie Teufel drauf und dran,
Die Ketzer zu bekehren?
Pfui, schämt euch bis ins Herz hinein,
Die ihr wollt Christi Jünger sein,
Der starb für seine Feinde!

Seid darum ihr so wild entbrannt,
Scheinheilige Pharisäer,
Weil er euch an den Wanst gerannt,
Ihr feisten Sadducäer?
Weil er des Papstes Fittig hier
Auflüpft und zeigt, welch Vogeltier
Schnauft unter diesen Federn?

Ist's ein Verbrechen, daß er wagt,
Es an das Licht zu bringen,
Wie ihr am Mark des Volkes nagt
Und Weibern leget Schlingen
Und kehrt die Lehre Christi um,
Bis daß die Völker stumm und dumm
Mit euch zum Teufel fahren?

Ist's ein Vergeh'n, daß er euch hält
Die Bibel vor die Nase,
Bis euch es in den Ohren gellt,
Als ob der Engel blase,
Der euch, ihr Otterngiftgezücht,
Zum letzten großen Weltgericht
Vor Gottes Thron will donnern?"

„Schweig, oder berste, Ketzergauch!"
So tobten die Erhitzten.
„Dich treffe nun der Fluchstrahl auch!"
Die Dolch' und Schwerter blitzten.
„Herr Kaiser! rief ein Fürst verstört,
Gab Euch zuhanden Gott das Schwert,
Daß es im Leder roste?"

„Blast Sturm! schrie Erzbischof von Mainz,
Daß jeder Christ sich stelle!
Zum letzten Kampfe brechen, scheint's,
Die Pforten auf der Hölle!"
Der Kaiser aber saß erblaßt
Und hielt sein Schwert krampfhaft umfaßt
Und schwieg verwirrt und machtlos.

Aufsprang der Pfalzgraf Ludwig dann
Und rief mit Löwenstimme:
„Ich fordre Ruhe, Mann für Mann,
  Bei unsers Kaisers Grimme!"
Da legte langsam sich der Sturm,
Indes die Glocke hoch vom Turm
  Zum Beten schloss die Sitzung.

Vierter Gesang.

Die Abstimmung.

In seinem Zimmer Pogius
　Stand auf vom Mittagsmahle
Und schritt in Herzeleid um Hus
　Rasch auf und ab im Saale.
Nicht essen konnt' er, warf voll Schmerz
Die dürren Hände himmelwärts
　Und klagte: „Wehe! wehe!

Ich riss' ein Auge mir heraus,
　Ließ' eine Hand abhauen,
Hätt' ich gelassen ihn zu Haus
　In Böhmens Wald und Auen.
Du weißt, wie sehr, Herr Jesu Christ,
Mir aus der Seele gesprochen ist,
　Was er bekannt' und sagte.

Ich lebt' anher der strengsten Zucht
　Und des Gesetzes Werken,
Und damit hab' ich mich gesucht
　In aller Not zu stärken.
Ich glich, wenn Christi Wort ich las,
Dem Blinden, der am Wege saß
　Und Jesu Tritt nicht kannte.

Nun aber hat die Augen mir
  Geöffnet Gott in Gnaden.
Drum schwör' ich heut vor Gotte hier:
  Huß helf' ich nicht zum Schaden.
Was ich vermag, geschehe heut,
Daß der, so mich und andre Leut'
  Erleuchtet, nicht verderbe!"

Von Augsburg Xaver Mäntlinus,
  Schier hundert schon an Jahren,
Trat in die Tür mit stillem Gruß
  Und traurigem Gebahren.
„Ach Bruder, seufzt' er, sagt mir doch,
Was wird aus Gottes Kirche noch
  Und aus uns armen Pfaffen!

Die Sonn' hat acht und neunzig Mal
  Den Kreislauf schon vollendet,
Seitdem sie ihren ersten Strahl
  Ins Auge mir gesendet.
Und sollt' ich nun am Grabesrand
Meineidig noch die welke Hand
  Für Husens Tod erheben?

Hat doch der junge, freche Lapps,
  Des Papstes Legat, geschworen:
Der Böhmer werde ripps und rapps
  Dem Feuer zugeschoren,
Wenn auch der Engel Michael
Und alle Teufel aus der Höll'
  Ihm heut zu Hülfe zögen.

Soll das geschehen? Nimmermehr!
  Ich gebe meine Stimme,
Beim ewigen Gott, nicht dafür her,
  Daß nur ein Funk' erglimme,
Um diesem Helden, der fürwahr
Ein Bote Jesu ist, ein Haar
  Vom Scheitel zu versengen!"

„Ach lieber Bruder Mäntlinus,
  Gott möge sich erbarmen!
So schluchzt' inbrünstig Pogius,
  Den Greis in seinen Armen.
Und würde mir auch alle Qual
Von Kaiser, Papst und Cardinal,
  Ich kann dem Hus nicht zürnen.

Er ist ein Stern, der aus der Nacht
  Auf Bethlehem uns deutet;
Ein Hahnenschrei, der uns mit Macht
  Aus unsrem Schlafe läutet,
Daß wir erkennen unsre Schmach,
Wie wir den Heiland Tag für Tag
  Verleugnet und verlä ert."

Die beiden schritten Arm in Arm,
  Dieweil die Glocken riefen,
Zum Dom sodann, wohin im Schwarm
  Die Schaaren drängend liefen.
Die Väter saßen harrend schon,
Der Kaiser prangt' auf hohem Thron
  In rabenschwarzem Sammet.

Hus ward gesetzt auf seine Bank,
    Das Ziel von tausend Blicken.
Ein Murmeln lief die Reihen entlang,
    Ein vielbedeutend Nicken.
Und Straßenvolk von weit und breit
Trug aus der Stadt schon Scheit auf Scheit,
    Mit Pech beträuft und Oele.

Der Kaiser drang mit mildem Wort,
    Indes die Menge horchte,
In den Verklagten, daß hinfort
    Für seine Seel' er sorgte
Und mit dem Papst demütiglich
Durch Widerruf versöhnte sich
    Und so der Höll' entflöhe.

Der Böhmer fiel auf seine Knie
    Und flehte laut und brünstig,
Daß Gott ihm Weisheit jetzt verlieh'
    Und sei ihm Schwachen günstig,
Daß, wenn er hie und da geirrt,
Er, durch sein töricht Herz verwirrt,
    Nicht bei der Lüge bleibe.

Hab' er jedoch durch Gottes Huld
    Und seines Geistes Klarheit
Erkannt bisher und in Geduld
    Bezeugt die reine Wahrheit,
So mög' er beisteh'n ihm im Streit,
Auf daß er keinen Finger breit
    Von dem Bekenntnis weiche.

Leichtfertig spotteten darob
  Gesindel viel und Pfaffen
Und polterten gar frech und grob
  Mit Maul und Fuß und Waffen,
So daß der Beter stille schwieg
Und aufstand wie bereit zum Krieg,
  Und schwer der Kaiser seufzte.

Als sich gelegt der wilde Lärm,
  Sprach Hus mit Kraft und Hehre:
„Gott schütze mich vor dem Geschwärm
  Jedweder falschen Lehre!
Doch was bis jetzt ich frei im Licht
Gepredigt, widerruf' ich nicht,
  Dieweil's Jehovas Wort ist.

Nur wenn die Schrift mich schläget, soll
  Mein Widerstand erlahmen.
Sonst weich' ich nimmer eurem Groll,
  So helfe Gott mir, Amen!"
Ob diesem Wort erhob sich Schrei'n
Und Toben unter Groß und Klein,
  Daß rings die Fenster klirrten.

Nun wurden Kurfürst und Prälat
  Nach ihren Altersstufen,
Fürstbischof, Cardinal, Legat
  Bei Namen aufgerufen,
Daß sie ein Urteil sprächen frei,
Ob Johann Hus ein Ketzer sei
  Und welcher Strafe würdig.

4

Der Kurfürst Ludwig also sprach:
„Wenn auch der Böhmer irren
In manchem Stück und fehlen mag,
Das soll mich nicht verwirren.
Gar vieles, das er zeugt, ist wahr
Und in der Schrift enthalten klar,
Drum kann ich nicht dawider.

Wie würd' in Welschland wol hinfort
Gehöhnt, gezischt, gekichert,
Wenn wir das deutsche Kaiserwort,
Das Schutz ihm zugesichert,
Jetzt brächen so gewissenlos
Und ihn verdammten! Husens Los
Sei Freiheit, Ehr' und Leben!"

Der Kurfürst sprach von Sachsen dann:
„Man hat sich nicht entblödet,
Hier einen schutzbefohlenen Mann,
Der seine Meinung redet,
Nachdem man sein Gebet verlacht,
Ganz sonder Urtel in die Nacht
Des Kerkers zu vergittern.

Ihr habt aus seinem Vaterland
Nach Kostnitz ihn gezogen,
Zu hören seinen Lehrverstand: —
Das habt ihr ihm gelogen.
In meine Wangen steigt die Scham,
Daß er hier zu Verrätern kam;
Hus leb', er ist kein Ketzer!"

Von Mainz des Kurfürsts Redestrom:
„Wie Schafe sich verirren,
So schweift der Hus weit ab von Rom,
Man muß ihm pfeifen und girren.
Doch hilft das nicht, so muß der Zahn
Des Wachthunds für den tollen Wahn
Das Schaf am Schlunde würgen."

Der Kurfürst sprach von Trier darauf:
„Ein räudig Schaf muß sterben,
Soll's nicht den ganzen Stall zuhauf
Anstecken und verderben.
Der Böhmer ist ein grindig Tier:
Drum spricht der Kurfürst heut von Trier:
Hinweg mit ihm zur Schlachtbank!"

Der Kurfürst sprach von Brandenburg:
„Für gottlos Blutvergießen,
Das ruf' ich laut den Dom hindurch,
Kann Priesterfleh'n nicht büßen.
Hus ist kein räudig Schaf, er ist
Ein treuer Hirt ohn' Arg und List,
Der nicht entfleucht vor Wölfen."

Graf Chlum für König Wenzel sprach:
„Wie Weiber und wie Pfaffen
Muß ich, statt wie bisher ich pflag,
Mit Schwert und Lanz' und Waffen,
Heut, wie es Rittern, die für Recht
Und Wahrheit kämpfen, ziemt gar schlecht,
Mit meiner Zunge fechten.

Vor kurzem flennte Petri Stuhl,
  Bedrängt vom Ungarnkönig,
Uns Böhmen wie aus Höllenpfuhl
  Um Beistand an gar thränig.
Der Papst hatt' Unrecht, und ihm Schutz
Zu bringen, war nicht unser Nutz;
  Doch halfen wir zum Frieden.

Ein evangelisch Licht erglomm
  Durch Hus und andre Helden,
Dieweil nicht eben viel als fromm
  Von Priestern ist zu melden,
Die ihren Bauch zu ihrem Gott
Und alles Heilige zu Spott
  Mit ihrem Wandel machten.

Allein wie sehr die Clerisei
  Beim Papst mir auch verklagten,
Nur ärger ward die Schelmerei,
  Bis wir die Buben jagten.
Zur höchsten Staffel aber stieg,
Als ihn Neagel plagt' im Krieg,
  Des Papstes Unverschämtheit.

Er sandt' ein Schreierheer hinaus
  In alle Christenlande
Und rüstete mit Macht sie aus,
  Dem Kreuz des Herrn zur Schande,
Daß sie vergäben, wer im Feld
Ihm beistünd' oder auch mit Geld,
  Vergangn' und künftige Sünden.

Die Ablaßstrolche wurden bald
    Verjagt, verbrannt die Zettel.
Aus aller Pfaffen Maul erschallt'
    Ein Zeter ob dem Bettel.
Ein Wahrheitszeug', an Haar schneeweiß,
Zertsch, ging nach Rom auf Pabsts Geheiß
    Und kam nie lebend wieder.

Drei andre gleichen Sinnes ließ
    Erzbischof Sbynko köpfen,
Dieweil sie sich, wie er sie hieß,
    Für Rom nicht ließen schröpfen.
Zu Asche ward ihr leib verbrannt
Und dann mit Spott durch Henkershand
    Geschüttet in die Molbau.

Auf hundert ward geflucht mit Bann,
    Als wären's Ungeheuer,
Und tausenden gezündet an
    Ein nie verlöschend Feuer.
Als Hus darob die Geißel schwang,
Rief ihn nach Rom des Papstes Sang,
    Er aber blieb in Böhmen.

Drauf habt ihr ihn hierher gelockt
    Mit trügerischem Schutze,
Dann ihn vergittert, daß er stockt
    Und fault in Stank und Schmutze,
Und nun, nachdem ihr seinen Mund
Geknebelt, wollt wie einen Hund
. Ihr ihn zu Boden stoßen?

Ich schwör' euch aber hier vor Gott
 Im Namen aller Böhmen,
Daß wir für Hus' unschuldigen Tod
 Erschrecklich Rache nehmen,
Bis Böhmens Gans mit Siegermut
Die Kiele wäscht in Römlingsblut.
 Wer Ohren hat, der höre!"

Der Erzbischof von Ungarn schwur:
 „Wer Engel sucht auf Erden,
Den schicke man zur Himmelsflur,
 Wo ihm sein Wunsch mag werden.
Der Lästrer Hus will Engel gern:
Hinauf mit ihm zum Morgenstern,
 Da kann er sie ja finden!"

Und der von Reims stimmt' ohne Scheu:
 „Gott zeig's vom Himmel herunter,
Will er das Kirchenwesen neu;
 Sonst geh' ein Schnuppstern unter,
Der wie ein Irrwisch stieg empor
Aus Böhmens Sumpf und hier noch vor
 Der Kirche Fürsten flimmert!"

Und der von London schnaubte frech:
 „Zehn Hälse wenn Hus hätte,
So riss' ich sieben ihm hinweg,
 Weil er so gottlos red'te,
Und auch die andern alle drei
Wollt' ich ihm brechen gleich entzwei
 Für seine Lästerungen.

Er hat die Nase so gerümpft,
  Daß man des Papstes lachte,
Und alle Priester arg beschimpft,
  Indem er nackt sie machte
Und keinen Fetzen übrig ließ
Zur Deckung ihrer Blöße, bis
  Der Pöbel sie verachtet."

Und der von Brixen sprach mit Hohn:
  "Ihr schämt euch eurer Thaten:
Ihr habt die Gans gerupft ja schon,
  Nun laßt sie doch auch braten,
Sonst fliegt mit nackten Flügeln sie,
Bevor ihr merket wo und wie,
  Von dannen noch. Hus brate!"

"Ich stimme, sagte der von Chur,
  Auf Freiheit, Ehr' und Leben.
Das Braten lasset ansteh'n nur;
  Denn ihre Kiel entschweben,
Um durch die Lande weit zu weh'n,
Wo tausende bereit schon steh'n,
  Sie hurtig aufzufangen.

Man taucht' anher in schwarze Flut
  Zum Schutz für Hus die Kiele;
Dann aber in der Gans ihr Blut,
  Zu schrecklich tollem Spiele;
Denn schreiben wird man feuerrot,
Gleichwie der Blitz in Wolken loht,
  Dem blödesten Auge sichtbar."

Der Bischof sprach von Freising dann:
„Ich bin ein armer Schüler
Vor diesem gottgesandten Mann,
Und hasse tolle Wühler.
Weil Gottes Gnad' ich selbst bedarf,
So lebe frei und lehre scharf
Johannes in der Wüste!"

Und der von Lüttich: „Wer da greift
Dem Papste nach der Krone
Und Pfaffen nach dem Bauch, der schleift
Sich selbst ein Schwert zum Lohne.
Wer hin dem Volk die Bibel schmeißt,
Der sündigt wider Heiligen Geist,
Wirft Perlen vor die Säue."

Von Salzburg sprach der Bischof jetzt:
„Wen unter euch zusammen
Der Teufel nie in Kot gesetzt,
Der möge Hus verdammen.
Denn wer sich selbst erhöht vor Gott,
Der wird zuletzt zu Schand' und Spott.
Freiheit für Hus und Leben!"

Und der von Straßburg sagte frei:
„Wenn wir den Böhmer töten,
So wird sein Blut die Clerisei
Zu ewiger Schande röten.
Der Rhein wäscht's nie von unsrer Hand,
Wälzt fort es nur in Meer und Land;
Drum ziehe Hus in Frieden!"

„Ein Böglein kann durch seinen Sprung
　Auf flockenschwere Reiser
Erzeugen der Lawine Schwung,
　Die Wald begräbt und Häuser.
Des Ketzers Zünglein ruht ja nie,
So lang er lebt, drum brenne sie!
　So meint der Abt von Stablo."

Der Abt von Corvey mit Bedacht:
　„Hoch bin betagt ich worden,
Hab' viel gesehen und mitgemacht
　Oft bei unsaubern Horden,
Doch nimmer sah ich Greuelthat,
Wie ihr in eurem hohen Rat
　Verübt an dem Gerechten.

Habt ihr denn widerlegt den Mann
　Auch nur in einem Stücke?
Ist es mit Schimpfen denn gethan
　Und zornerglühtem Blicke?
Und das verdammende Geschrei,
Kann das den Schlamm der Clerisei
　Austrocknen Gott zu Ehren?

Ich selber habe weit und breit
　Gesehen und erfahren,
Wie wider Zucht und Obrigkeit
　Oft Priester sich gebahren.
Sie fressen und saufen meisterhaft
Und kümmern sich um Wissenschaft,
　Wie Esel um den Grenzpfahl.

Bei großer Herrn gedecktem Tisch
  Schmarotzern diese Schmeichler
Und strafen nie die Laster frisch
  Der hochgestellten Heuchler.
Doch hat ihr Maul sich aufgethan,
So bellt es arme Seelen an,
  Die nie was Guts genossen.

Weil Hus nun solchen Stinkekot
  Ausfegt mit scharfer Rede,
Zerplagt ihr ihn mit vieler Not
  Und schwört ihm blutige Fehde?
Nein, wer in diesem Kirchenrat
Im Busen noch Gewissen hat,
  Der stimme mit auf Freiheit!"

Großmeister dann von Malta sprach:
  „Die Boten Romas haben
Durchwatet Sumpf, durchklettert Hag,
  Durchschwommen Meer und Graben,
Durchpilgert Wüsten und voll Mut
Gekämpft mit Bestien aufs Blut,
  St. Peters Stuhl zu gründen.

Nun kommt ein Dünkelnarr gerannt
  Vom Lande der Barbaren
Und will mit einem Feuerbrand
  In diesen Bau uns fahren,
An dem Jahrhunderte gebaut
Und unser Herz nicht satt sich schaut?
  Hus sterbe! Hus verderbe!"

Zwanzig und einer stimmten dann,
    Fürstbischöf' und Prälaten,
Die nach der Reihe Mann für Mann
    Für Husens Tod eintraten,
Indes der Angeklagte blaß,
Doch still und gottgelassen saß
    Und tief zum Heiland seufzte.

Fünfter Gesang.

Das Urteil.

Augsburgs Gesandter, Mäntlinus,
　Erhob sich jetzt bedächtig
Mit einem langen Blick auf Hus;
　Dem pocht das Herz gar mächtig.
Nachdem er sich gesammelt dann,
Ließ langsam sich und ernst der Mann
　In Silberlocken hören:

„Als Husens Predigt ich vernahm,
　Da war ich bald entschieden.
Ich rief: der Kirche Retter kam,
　Nun fahr' ich hin in Frieden!
Doch seh' ich leider tief betrübt,
Daß hier so vielen nicht beliebt,
　Zu teilen meine Freude.

Allein auch auf die große Fahr,
　Daß unter Scheiterbränden
Heut meine acht und neunzig Jahr
　Veräschert müßten enden,
Leg' an den Mund ich doch kein Schloß,
Daß ich nicht werd' ein Schuldgenoß
　An des Gerechten Blute. —

Als mit ihm eine schöne Maid
   Getraut des Priesters Segen,
Erwarb durch Fleiß und Sparsamkeit
   Mein Vater groß Vermögen.
Sie legten einige Jahr zurück
In holdem Frieden, süßem Glück
   Mit festverschlungenen Händen.

Da trat auf einmal schnell heran
   Der Tod an ihre Mutter.
Sie zeigt dem Beichtiger sterbend an —
   Es war für ihn ein Futter! —
Daß ihr Gewissen sie verklagt,
Weil sie die Tochter nicht gebracht,
   Wie sie gelobt, ins Kloster.

Der Priester schreibt vor Zeugen bald
   Ihr Sterbbekenntnis nieder,
Und fordert, da sie kaum war kalt,
   Keck ihre Tochter wieder.
Mein Vater sträubte sich drei Jahr,
Weil er sein Weib, die mich gebar,
   Mehr als sein Leben liebte.

Er pilgerte zum Papst nach Rom
   Mit Bitten und mit Weinen.
Verloren war sein Thränenstrom
   Um die geliebten Seinen.
Dem Kloster ward vom Papst erlaubt,
Zu fordern, die ihm sei geraubt,
   Mit allem, was sie habe.

Er stritt, wie für den eigenen Leib,
    Lang auf des Rechtes Wegen.
Doch er verlor sein teures Weib,
    Dazu sein ganz Vermögen.
Und weil er sich zur Wehr gesetzt,
So wurd' er noch zu guter Letzt
    Mit Bann belegt vom Papste.

Gestoßen aus der Kirch' und arm,
    Von Freunden ganz vergessen,
Erhenkt er sich — daß Gott erbarm,
    Ab will's das Herz mir fressen! —
Am Kloster, drinnen, wie er meint,
Verriegelt meine Mutter weint,
    Dem Grab entgegen welkend.

Der Leichnam wurd' alsbald verbrannt,
    Und ich fünfjähriger Bube
Hinzugeführt von dessen Hand,
    Der uns gemacht die Grube;
Und meine Mutter sah ich nie
Auf dieser Erde wieder, sie
    Verschied nach wenig Monden.

Mich zog als Bettelkind man auf
    In dieses Klosters Schule.
Ich sah der Priester Lebenslauf
    Versumpfen da im Pfuhle.
Dem Prior und Genossen trug
Im Sklavendienst ich Krug um Krug
    Von Schwabens alten Weinen.

Und leckere Speisen mußt' herein
   Ich aus der Küche tragen
Bei frostdurchzittertem Gebein
   Und hungerwehem Magen.
Aus Opferbüchs' und Sterbegut
Ward Geld dazu mit keckem Mut
   Betrügerisch genommen.

Und waren sie des Weines voll,
   So wurde geil geplaudert,
Wie sie, wo ihnen Wollust quoll,
   Zu trinken nicht gezaudert.
Auch ward der Beichte Siegel frech
Bei lüderlichem Rauschgespräch
   Gebrochen und verspottet.

So wurd' auch ich ein Bösewicht
   Und that, was mir behagte.
Nicht rot mehr ward mein Angesicht,
   Wenn mich die Wollust plagte
Und ich als Priester Nacht und Tag
Der Keuschheit ernst Gelübde brach
   Und Augenweid' ergirrte.

Ich mußte dann — ich zählte nun
   An vierzig Sonnenwenden —
Nach Rom einmal. Ich konnt' es thun
   Nur mit gerungenen Händen.
Rom schien ein Heiligtum zu sein,
Wo jeder, der nicht fleckenrein,
   Verdorr' an Leib und Seele.

Doch meiner Sünden Uebermaß,
    Es schrumpfte klein zusammen
Vor dem, was dort als faules Aas
    Gehört' in Höllenflammen.
Ich stieß auf einen Hurenbock,
Ob ihn umhüllt' ein Purpurrock,
    Ob eine härene Kutte.

Weil ich schier eine Tonne Gold
    Dem heiligen Vater brachte,
War man mir aus der Maßen hold,
    Rieb sich die Händ' und lachte.
Eklig gefressen an dem Kot,
Der meinem Aug' in Rom sich bot,
    Lenkt' heimwärts ich die Schritte.

Seitdem sind fünfzig Jahrläuft' hin,
    Und ärger ward's und schlimmer;
Drum nehmt des Böhmers Wort zu Sinn,
    Sonst kommt die Rettung nimmer.
Hört ihn, hört ihn, sonst schlägt der Schlamm
Zusammen über eurem Kamm,
    Und gebet frei die Unschuld!"

Wie Wolken oft am Sommertag
    Sich schwül zusammenballen
Und droh'n mit Blitz und Donnerschlag
    Und doch sich bald verwallen,
So stieg der Väter Zorn empor
Und brach in Drohungen hervor,
    Doch that er nichts dem Greise.

St. Niklas' Prior, Pogius,
  Schier weinte wie ein Knabe:
„Ach daß ich armer Tropf für Hus
  Sein mußt' ein Unglücksrabe!
Ich hielt in meiner Blindheit auch
Ihn erst für einen Ketzergauch
  Und liefert' ihn den Henkern.

Allein seitdem ich seines Worts
  Wahrhaftigkeit erkannte
Und sah, wie er sich allerorts,
  Verfolgt, in Gott ermannte,
Da schmolz mein Herz und es that mir weh,
Daß ich ihn lockt' an den Bodensee,
  Wo man ihm stahl die Freiheit.

Wie scharf ihr ihn auch habt befragt
  In diesem ganzen Handel,
Nichts fand ich, des man ihn verklagt,
  In Lehre nicht noch Wandel.
Drum wasch' ich jetzt vor Groß und Klein
Von seinem Blut die Hände rein:
  Ich stimm' auf Ehr und Leben!"

„Und, sprach Vincent Ferrerius,
  Entrüstet aufgesprungen,
Spräch' auch Beelzebub aus Hus
  Mit tausend Lästerzungen,
So wollt' ich doch nicht, daß Verrat
An ihm von Kirche noch von Staat
  Verrucht begangen würde.

5

Die Wahrheit Gottes ist's allein,
Die seine Wort' uns schärfen.
Wer unter uns darf einen Stein
Auf den Gerechten werfen?
Aus all dem wütigen Geschrei
Hab' ich noch nichts, das würdig sei
Der Kerkerhaft, vernommen.

Drum fahrt vernünftig, fahrt mit Glimpf,
Nicht mit Gewalt wie Riesen.
Was hilft des losen Mauls Geschimpf,
Es muß hier sein bewiesen!
Soll ich verdammen ohne Huld,
So will ich Sünde seh'n und Schuld
Und klare Missethaten.

Wie haben Hus und Hans von Chlum
Und Wenzeslaus von Düben
Und Böhmens ganzes Herrentum
Die Ohren euch gerieben
Und wider eurer Schalkheit Pest
Erhoben beißenden Protest
Und scharf verdammt den Treubruch!

Und wenn dem Recht zu dieser Zeit
Der Kirche Fürsten fluchen,
Wo soll man dann Gerechtigkeit
In weiter Welt noch suchen?
Ward denn die Wahrheit lendenlahm
Und allenthalben verzweifelt zahm
Der Stimme des Gewissens?

Ist denn kein Gott im Himmel mehr,
  Des Grimm allmächtig wettert
Und die Bluthunde kreuz und quer
  Zur Höll' hinunterschmettert?
Noch hält des Ewigen Hand bereit
Die Wage der Gerechtigkeit
  Ob euren stolzen Häuptern!

Meint ihr, wenn Husens Zunge schmorrt
  Im Scheiterhaufenfeuer,
Sei auch der Lehre Saat verdorrt,
  Die seinem Herzen teuer?
Dann seid ihr blinder noch als blind,
Umnachteter, als Eulen sind,
  Verstockter, als die Heiden.

Wie dürft ihr noch vor den Altar
  Des Herrn euch wagen förder,
Wenn ihr, der Gottesfurcht so bar,
  Des Frommen werdet Mörder?
Ihr wäret wert, daß man euch spie'
Ins Angesicht und stürbt, wie die,
  Die keine Hoffnung haben.

Im Namen des, der Tod erkennt
  Verlogenen Verklägern,
Des Zorn zum Abgrund niederbrennt
  Blutgierigen Seelenjägern,
Freiheit für Hus von Kerkerhaft,
Freiheit von eurer Zwingherrschaft,
  Freiheit und Ehr' und Leben!"

Doch diese Rede machte noch
    Ein giftiger Blut den Vätern,
So daß das Haar dem Sprecher kroch
    Ob ihrem wilden Zetern,
Und alle, die noch stimmten jetzt,
Mit eisigem Wort unausgesetzt
    Verlangten, daß er brenne.

So wurde Hus zum Tod verdammt
    Durch größere Zahl der Stimmen.
Die Hoffnung, die noch aufgeflammt,
    Jetzt mußte sie verglimmen.
Des Kaisers Wange wurde bleich:
Bei ihm noch stand's, den Todesstreich
    Vom Böhmer abzulenken.

Graf Schlick, des Kaisers Kanzler, sprang
    Erblaßt auf seine Füße:
„Ich protestire lebenslang,
    Ob auch mein Hals drob büße,
Laut wider dieses Schandurteil;
Mich bangt vor Gottes Donnerkeil!"
    Drauf schritt er aus der Kirche.

Wie groß auch vorher das Gebrüll
    Und wider Hus das Toben,
So ward's im Dom doch grausig still,
    Als nun, langsam erhoben,
Den Kaiser, dem es bebend graut,
Auf den ein jeglich Auge schaut,
    Der Stuhlherr also fragte:

„Großmächtiger Kaiser, welch Bedenk
  Tragt Ihr von Husens Lehre?
Ist sie ein ketzerisch Gestänk,
  Auf das der Tod gehöre?
Gebt Ihr Befehl dem Henkersknecht,
Zu schlagen, oder soll für Recht
  Ergehen milde Gnade?“

Mit Zittern Sigmund Antwort that:
  „Ein Ketzer ist, ich glaube,
Der Böhmer, welchen billig hat
  Der Feuertod zum Raube,
Des Jünger auch ich ziehe nach Pflicht
In meinen Landen vor Gericht,
  Will er nicht widerrufen.“

Aufstand er — kalt ward's ihm und heiß —
  Und wollte fürder gehen.
Man sah auf seiner Stirn den Schweiß
  In großen Tropfen stehen.
Doch hurtig ihn De Causis hielt,
Daß er das Urteil, wenn gestilt,
  Erst eigenhändig siegle.

Hoch richtet auf, im Herzen wund,
  Doch in den Augen Feuer,
Sich Hus: „O Kaiser Sigismund!
  Ist Eure Seel' Euch teuer;
Gilt etwas Euch die Ehre noch
Des deutschen Reichs, wie könnt Ihr doch
  Bedecken Euch mit Schande!

Ihr habt mit eigner Fürstenhand
  Das Schreiben unterzeichnet,
Das frei Geleit in dieses Land
  Und Schutz mir zugeeignet.
Und nun wollt feig Ihr und verzagt
Buben zu lieb, die mich verklagt,
  Begehen des Treubruchs Frevel?"

Der Fürst voll Aerger poltert hier:
  „Ja, Schutz vor wilden Horden
Hab' hierher zugesagt ich dir,
  Und der ist dir geworden.
Nichts ward gesagt von Rückgeleit,
Und deiner Obern Herrlichkeit
  Hat Dich verdammt als Ketzer."

Hus schwieg erschüttert. Eilig trat
  Graf Chlum zu ihm mit Troste.
Zur Unterschrift mahnt der Legat
  Den Kaiser. Das erboste
Den Krieger also, daß er rief,
Die Faust an seines Degens Griff,
  Wie mit des Donners Stimme:

„Cäsar, laßt dieses frevle Thun
  Fern sein von Euren Händen,
Sonst wird nicht rasten mehr noch ruh'n
  Das Schwert an allen Enden!
Laßt Euer Schreiben, Cäsar, sein!
Laßt ab, laßt ab, — ich bitt' Euch fein —
  Von Euren blutigen Zügen!"

Des Kaisers Ohren wurden taub
    Durch Schwarm von Cardinälen
Und Priestern, welche tief im Staub
    Sich ihm zu schmeicheln quälen,
Umdrängend küssen sein Gewand
Und reichen ihm den Kiel zuhand,
    Sein mannhaft Thun lobpreisend.

Die Feder zögernd er erfaßt
    Und zeichnet seinen Namen.
Den Dom hindurch ein Jauchzen rast
    Und Mönche beten Amen.
Doch blinken rings auch Schwerter wild,
Es drohen tönend Helm und Schild
    Und machtlos Zähneknirschen.

Dann wurd' es wieder totenstill
    Im ganzen weiten Dome,
Als von des Schreibers Lippen fiel
    Mit eisigem Redestrome
Das fertig' Urteil, das den Mann,
Dem keiner Schuld beweisen kann,
    Verdammt zum Feuertode.

Nun brach Geschrei des Beifalls los,
    Wie aus der Höllenpforte,
Und Londons Bischof brüllte groß
    Im Freudenrausch die Worte:
„Du hast, o Kaiser, aus dem Mund,
Der Säuglinge zu dieser Stund'
    Ein Lob dir zugerichtet!

Du tilgst den Feind des Glaubens aus
Und seines Giftes Samen
Und gibst dem Feuer ihn zum Schmaus,
Gepriesen sei dein Namen,
Und mit des Opfers letztem Rauch
Vergeben dir und vergessen auch
Gethane Sünd' und neue!"

„Bluthunde, Heuchler, Otterbrut!
So klang's von andrer Seite,
Und mancher sucht' in bangem Mut
Durch Fenster schon das Weite.
Wie lügt und trügt ihr rund und blank,
Um euch in eurem Sündenstank
Nur ungestört zu wälzen!"

Von Stühlen wurde manches Stück
Ingrimmiglich zertrümmert
Und schwirrte vorwärts und zurück,
Und wen es trifft, der wimmert.
Abwischt der Kaiser im Gedräng;
Und Hus auch wär' in dem Gemeng,
Hätt' er gewollt, entkommen.

Der Fürstbischof von Cleve war
Verendet in der Sitzung.
Kein Nachbar wurde des gewahr
Vor zorniger Erhitzung.
Im Drängen, Stoßen, Laufen ward
Der Leichnam umgeworfen hart
Und jämmerlich zertreten.

Als sich die Menge dann verwallt,
　Ließ Hus sich auch vermissen.
Ein Sturmgeschrei erscholl alsbald,
　Die Glocke ward gerissen,
Man eilte zu den Thoren schnell;
Doch fand man ihn in seiner Zell'
　Auf seinen Knien liegend.

Sechster Gesang.

———

Die Entweihung.

———

Jetzt schrieb Hus einen Abschiedsbrief
    In seine Heimat Böhmen,
Und über seine Wangen lief
    Sein Leid in hellen Strömen.
Oft schüttelt' ihn ein Krampf von Schmerz,
Es wollt' ihm springen schier das Herz,
    Der Hand entfiel die Feder.

Er schrieb, wie man ihn oft verhört
    Mit Schelten und mit Jolen,
Und, vom Gewissen ungestört,
    Die Freiheit ihm gestohlen,
Wenngleich ihm Sigmund Schutz gelobt
Und das Concil, wie sehr's getobt,
    Nichts ihm bewiesen habe.

Er schrieb, sein Leib sei müd' und dürr
    Von Kerker, Hunger und Froste,
Die Augen trüb, die Sinne wirr
    Von Ketten und von Roste.
Fast töt' ihn eigenen Kots Gestank
Und Grind und Fieber mach' ihn krank
    Und seine Zunge starre.

„Sechs Monde fuhr man schon so fort,
　So schloß er dann sein Schreiben,
Mit Banden mich und Heuchelwort
　Zum Widerruf zu treiben.
Und ich — o Gott! — ich wurde mürb
Aus Furcht, daß ich verbürb' und stürb',
　Und wollte widerrufen.

„Ich wurd' in besseres Gemach
　Gebracht, doch scheu gemieden.
Allein ich fand den ganzen Tag
　Nicht Ruhe mehr noch Frieden.
Und als der Morgen kaum gegraut,
Bekannt' ich wieder frei und laut
　Und schrie zu Gott um Gnade.

Nun ward mein Schicksal härter noch,
　Ich konnt' es kaum ertragen.
Ward hier ein armer Brunnen doch
　Zerrissen und zerschlagen
Und ganz mit Steinen aufgefüllt,
Dieweil er meinen Durst gestillt
　Nach des Verhöres Hitze.

Doch mächtig stand mir bei der Herr
　Und stärkte mich in Gnaden,
Daß meiner Feinde Wutgeplärr
　Mir nicht mehr konnte schaden,
Und morgen — vierzig Jahr und zwei
Sind, seit das Licht ich sah, vorbei —
　Führt mich der Tod zum Siege.

Doch übt für meinen Martertod,
　　Ihr Lieben, keine Rache.
Ich sterbe, wie der Herr gebot,
　　Ja nur für Christi Sache.
Zieht aus der Scheide nicht das Schwert;
Denn wer es nimmt, der wird durchs Schwert
　　Umkommen und verderben.

Und wenn euch, was die Schrift verfehmt,
　　Vor meine Bücher legen,
Verwerft es aller Frist und nehmt
　　Es nicht an meinetwegen;
Und wenn ich auch im Wandel glitt,
So thut's nicht nach, nein, schließt mich mit
　　In eure Bußgebete.

Festhaltet aber jederzeit
　　An Gottes lautern Worten;
Bekennet auch mit Freudigkeit
　　Den Glauben aller Orten.
Wer bis zum End' es so vollführt,
Ob auch die Seel' er hier verliert,
　　Wird dort das Leben finden.

Gott segne König Wenzel stets
　.　Mit Glück und mit Verstande,
Daß er mit Gott, nur so gerät's,
　　Regiere seine Lande.
Mein liebes Böhmen schirme Gott
Und mache jeden Feind zu Spott,
　　Der ihm begehrt zu schaden.

Euch, denen Leid ich angethan
  In Wort, in Werk und Leben,
Demütig fleh' ich all' euch an,
  Ihr wollet mir vergeben.
Blutrot ist meine Sündenschuld;
Gott wolle mir in Vaterhuld
  Durch Christi Blut sie tilgen!

Ihr, die ihr stets mir wohl gewollt,
  Nehmt meinen besten Segen!
Euch, die ihr Haß und Fluch mir zollt,
  Bring' ich Verzeih'n entgegen.
Verwandte, Freunde, Volk und Land
Befiehlt in Gottes treue Hand
  Johannes Hus von Böhmen."

Als diesen Brief dem Grafen Chlum
  Er anvertraut zu Handen,
Sank er aufs Stroh ermüdet um
  Und die Gedanken schwanden.
Und dunkel brütete die Nacht,
Indes das Auge Gottes wacht'
  Ob dieses Dulders Schlummer.

Ihm strahlt im Traum ein Morgenrot
  So licht empor und heiter
Und zeigt ihm, wie nach seinem Tod
  Sein Werk wird flammen weiter,
Und wie der Herr vom Himmelsthron
Der Kirche Reformation
  Wird mächtiglich vollenden.

Bischöfe reißen von der Wand
    Der Bethlehemskapelle
Mit großem Zorn und frevler Hand
    Aus ihrer Ehrenstelle
Die Christusbilder; doch es malt,
Von Gott beschützt, ein Meister bald
    Viel schönere Bilder wieder.

Da plötzlich thaten Thür und Thor
    Sich auf, entriegelt sachte.
Vier Arme rissen ihn empor,
    Daß er vom Schlaf erwachte.
Und eh' er noch sich ganz besann,
War er die krumme Trepp' hinan
    Ins Freie schon getragen.

„Wer seid ihr? wer? Wohin mit mir?" —
    „Zur Freiheit und zum Lichte!
Und Freunde sind's, und folgt nur Ihr,
    Sonst morden Euch die Wichte!" —
„Ha, Erlo, schneegelockter Greis!
Emizka, Mährens Heldenpreis,
    Haudegen ohne Tadel!"

„Zieht diese Söldlingskleider an
    Und fest um Eure Hüfte
Schnürt diesen Säbel Euch, und dann
    Geht's über Berg' und Klüfte!
Dort harrt ein Maultier schon auf Euch,
Und Gott befiehlt: Entfleuch, entfleuch!
    Emizka reitet mit Euch!"

„Wie aber, alter Erlo, wird
    Es Euch darob ergehen?" —
„Das mag der Herr, mein treuer Hirt,
    Mit seinem Stab versehen!
Was liegt an mir, sink' ich zur Gruft;
Doch Euch befiehlt der Herr, die Luft
    Zu reinigen der Kirche!"

„Fern sei's von mir, daß ich durch Flucht
    Euch, graues Haupt, gefährde,
Und meine Lehre dann verrucht
    Gespött des Feindes werde!
Und flöh' ich bis ans äußre Meer,
Schützt Gott mich nicht, so hängt ein Heer
    Mir bellend an den Fersen."

„Kommt, drängt Emizka, flieht, ach flieht!
    Viel Freunde harren Euer,
Zu helfen euch in fremd Gebiet,
    Wo Euch erreicht kein Feuer.
Flieht, da das Thor noch offen steht!
Flieht, ehe noch der Hahn gekräht!
    Der Morgen bringt Verderben."

„Soll ich aus eitlem Selbsterhalt,
    Spricht Hus, der Bosheit weichen?
Ich will vor bübischer Gewalt
    Nicht zittern noch erbleichen.
Hier hat der Herr mich hergestellt,
Und halten will ich auch das Feld,
    Mir geh's darob, wie Gott will!"

„Umgürtet Eure Lenden rasch,
  Bald ist die Zeit zerronnen.
Dann löst nichts mehr das Garngemasch,
  Das tötlich Euch umsponnen.
Hört Ihr's? Schon bläst der Wächter zwei!
Entrinnt der Hölle Wüterei,
  Ich bitt' um Christi willen!"

Indes den Grund Emizka stampft
  Und zornig geht von hinnen,
Hält Erlo Husens Hals umkrampft
  Und seine Thränen rinnen.
Der aber löst sich sanft und sacht
Aus der Umarmung Liebesmacht
  Mit Zähren tiefer Rührung.

Er schaut zum Sternenhimmel auf,
  Die Lippen murmeln leise.
„Vollendet ist mein Erdenlauf!
  So spricht er dann zum Greise.
Ich kann nicht flieh'n, Gott helfe mir!
Euch aber lohn' er's für und für,
  Dass Ihr mich also liebtet!"

Er schritt zum Kerker rasch zurück,
  Und Erlo stand verlassen,
Den jetzt des Hasses Bubenstück
  Zur Stelle ließ erblassen:
Ein Meuchler sprang herzu in Hast —
Ein Dolch erblitzt' im Sternenglast —
  Tot brach der Greis zusammen.

Beim erſten lichten Frührotſchein
　　Sang Hus im Kerker Lieder.
Er bat um etwas Brot und Wein
　　Und ſank aufs Antlitz nieder,
Bekannte Gott mit Reu' und Leid
Die Schuld der ganzen Lebenszeit
　　Und fleht' um ſeine Gnade.

Er ſegnete ſodann das Brot
　　Mit Chriſti Nachtmahlsworten
Und aß, wie uns der Herr gebot,
　　Zum Troſt vor Todespforten;
Desgleichen nahm er auch den Wein
Und trank das Blut, das weiß und rein
　　Uns macht von aller Sünde.

Er rief zu Gott mit heißer Brunſt
　　Für Chriſti Kreuzgemeinde,
Für alle, die ihm zeigten Gunſt,
　　Wie auch für ſeine Feinde.
Drauf kamen Freund' in großer Zahl
Und nahmen noch zum letzten Mal
　　Von Hus mit Thränen Abſchied.

So auch die edlen Ritter Chlum
　　Und Wenzeslaus von Düben,
Die ſich von ganzem Herzen um
　　Des Manns Geſchick betrüben.
Hus wußte nicht, wie ihm geſchah,
Sie ſtanden lange vor ihm da,
　　Verſtummt vor Herzeleide.

6

„Wir sind ja, stöhnte Chlum zuletzt,
　　Nur ungelehrte Laien.
Ob Eure Worte recht gesetzt
　　Und alle richtig seien,
Vermögen wir zu urteln nicht,
Euch bleibt darüber das Gericht
　　Im eigenen Gewissen.

Sagt Euch das Herz, daß Ihr gefehlt,
　　Ach teurer Vater, weichet!
Doch wenn Euch Unschuld froh beseelt
　　Und nur die Bosheit streichet,
So fürchtet Euch nur nicht so sehr
Und weichet nun und nimmermehr
　　Von der erkannten Wahrheit!"

Darob begann vor Seelenschmerz
　　Hus bitterlich zu weinen.
Er schluchzt: „Mir ist's fürwahr kein Scherz,
　　Ich will nicht trotzig scheinen.
Gott sei mein Zeuge, daß ich gern,
Hätt' ich gelehrt dem Wort des Herrn
　　Entgegen, widerriefe.

Doch zeigt man aus der Schrift nicht, wie
　　Ich irre von dem Wahren,
So kann und darf und will ich nie
　　Ein Wort nur lassen fahren." —
Jetzt holte Hus der Henker Wut:
Sie stellten ihn in Gottes Hut
　　Verhüllten Angesichtes.

Zum Dom schon bei der Glocken Chor
   Strömt' Alt und Jung zu gaffen.
Die Böhmen wurden vor dem Thor
   Gestreng durchsucht nach Waffen.
Gehüllt in priesterlich Gewand
Ward Hus auf seinen hohen Stand
   Geführt vor Aller Augen.

Der Bischof reizt von London dann
   Den Kaiser auf durch Predigt,
Der sich ob dem, was er gethan,
   Der Angst nicht mehr entledigt
Und Hus zum Widerrufe lockt,
Wobei die Stimm' ihm heiser stockt
   Vor bebender Bewegung.

„Ich stehe, spricht der Verdammte, hier
   Vorm Auge meines Gottes.
Was ihr so hart begehrt von mir,
   Wär' Uebermaß des Spottes
Und brännte mein Gewissen wund;
Drum sag' ich's aus des Herzens Grund:
   Ich kann nicht widerrufen!"

Man liest nochmals das Bluturteil
   Bei vieler Herzen Trauer.
Der Kaiser still entweicht derweil,
   Ihn überläuft ein Schauer.
Den Hus umringt der Spötter Schar,
Reicht einen leeren Kelch ihm dar
   Und heißt für All' ihn trinken.

„Der Kelch, ob ohne Wein,
    Soll doch für alles Volk
Gefüllt mit Sühne sein.
Und mangelt mir das Brot
    Durch Widersacher Spott,
So schenkt doch Manna mir
Herr Jesu Christ, mein Gott."

Dies Reimlein aus des Frommen Mund
    Bewegte viel Gemüter.
Drob schäumten wie ein toller Hund
    Die haßentflammten Wüter.
Sie sprangen her mit Ungestüm,
Entrissen und zerwarfen ihm
    Den Kelch vor seinen Füßen.

Sie schüttelten der Faust Gewicht
    Und fluchten wie die Krieger,
Und spuckten ihm ins Angesicht
    Und knirschten wie die Tiger,
Und der von London schrie darein,
So daß es drang durch Mark und Bein
    Und Hus durchfror ein Schauder:

„O du verfluchter Judas, jetzt
    Ist dir der Kelch genommen,
Damit im Tode dir zuletzt
    Nicht Gottes Huld mag frommen.
Verflucht der Tag, da dir man schor
Die Platt' und dich zum Priester kor
    Durch heiligen Oeles Salbung!

Verdorre, wie der faule Baum,
  Den ab der Herr ließ hauen!
Verdammt auch sei und wüst der Raum
  Inmitten grüner Auen,
Wo unnütz du gewuchert hast;
Auch brenn' an dir jedweder Ast
  Ins Teufels ewigem Feuer.

Wir stoßen jetzt dich aus der Zahl
  Der gottgeweihten Priester
Und weihen dich des Henkers Pfahl,
  Du Heiligtumsverwüster!
Die Sonne traur' ob jedem Tag,
An dem es ferner heißen mag:
  Hus kreucht noch hier auf Erden!"

„Ach nehmt doch bald mein arm Gebein,
  So rief jetzt der Geschmähte,
Und äschert's auf dem Holzstoß ein,
  Bis es der Wind verwehte,
Daß ihr mit eurer Greuelzung'
In Fluchen und in Lästerung
  Euch nicht mehr so versündigt!

Und wenn ihr meine Seele habt
  Gejagt aus ihrer Hütte,
Laßt dem sie, der Verfolgte labt
  In seiner Engel Mitte.
Denn ich vertraue Gott dem Herrn,
Daß er trotz eurem Zorn doch gern
  Sich meiner wird erbarmen.

Er rief ja selber mich ins Amt,
    Von Jesu Kreuz zu künden,
Wie Gott für uns einst ihn verdammt,
    Zu tilgen unsre Sünden.
Bald reicht er mir den Heilskelch nun
Und läßt den müden Diener ruh'n;
    Sein Name sei gepriesen!"

Er schweigt, dieweil man tobt und schreit
    Mit wütigem Getreibe:
Sie reißen ihm sein Priesterkleid
    In Fetzen ab vom Leibe.
Man drückt ihm tief herab den Kopf
Und schert ihn glatt, nur einen Zopf
    Ihm lassend zum Gelächter.

Drauf suchten manche tief entsetzt
    Dem Unfug kühn zu wehren.
Doch hat der Wolf den Zahn gewetzt,
    Will er sein Schaf verzehren.
Sie greifen schon nach Schwert und Dolch,
Um Husens Schutz= und Trutzgefolg
    Von ihrem Raub zu treiben.

Der Kreiswehrherr von Menczsch errafft
    Den Dolch, den er am Morgen
In seinem linken Stiefelschaft
    Hereingebracht verborgen,
Und sticht dem Schalke, der dem Hus
Das Haupt hinabdrückt, voll Verdruß
    Ins Herz, daß er verröchelt.

Jetzt schwingen Messer rund herum
  Des Böhmers Widersacher.
Die Spötter werden plötzlich stumm,
  Verschwunden sind die Lacher.
Schon fließt dem Kreiswehrherrn das Blut;
Doch wehrt er sich mit grimmem Mut,
  Bis er entkommt durchs Pförtlein.

Hus schlägt ob dem geschorenen Haupt
  Zusammen hoch die Hände
Und seufzt zu Gott auf, haßumschnaubt,
  Um baldig selig Ende.
Mit Kügelchen, aus Kot gemacht,
Drob wirft man ihn und höhnt und lacht,
  Wenn's stracks ihn traf ins Antlitz.

„Was ist es, daß ihr spottet mein!
  So sagte der Beschimpfte,
Indessen der Legat nicht fein
  Die Nase drüber rümpfte.
Es macht doch euer wild Geschrei,
Birst euer Hals auch drob entzwei,
  Nie meinen Trost zunichte.

Denn mein Erlöser lebt ja noch
  Und reißt mich aus den Nöten.
Er nahm vom Nacken mir das Joch
  Und ließ für mich sich töten.
Er hat aus seines Grabes Nacht
Das Leben und das Licht gebracht
  Auch mir, mir armen Sünder.

Von Golgathas geweihten Höh'n
  Auf sanfter Lüfte Schwingen
Hör' ich ein süß, ein froh Getön
  Zu mir herüber klingen.
Den Frieden Gottes bringt es mir
Und trägt mich, Jesu, bald zu dir
  Aus Rauch empor und Flammen."

Sie ballten ihre Fäuste jetzt
  Und sprangen von den Bänken,
Als hätte Satan sie gehetzt,
  Zur Höll' ihn zu versenken.
Sie zogen ihn noch nackter aus
Und stießen ihn zum Dom hinaus
  Mit Fäusten und mit Füßen.

Siebenter Gesang.

Der Scheiterhaufen.

Kostnitzens Bischof setzte drauf,
    Als vor die Tür sie kamen,
Hus von Papier ein Hütlein auf
    Voll lästerlicher Namen
Und mit der scheußlichen Gestalt
Kohlschwarzer Teufel rings bemalt,
    Dem Pöbel zum Entsetzen.

„Wir geben dich — er sprach's dabei —
    Dem weltlichen Gerichte
Und deine Seel' empfohlen sei
    Des Abgrunds Bösewichte!
Der hole sie in Feuersglut
Durch seiner saubern Engel Brut
    Zum Pfuhl, der brennt mit Schwefel!"

Der Seufzer drob sich Hus entreißt
    Bei heiß gerungenen Händen:
„Dir, Herr, empfehl' ich meinen Geist,
    Lass selig, Herr, mich enden!
Du hast mich durch dein Blut erlöst,
Du treuer Gott, und du verstößt
    Mich nicht, o mein Erbarmer!

Hilf aus der Todeswogen Nacht
Mir an des Lebens Eiland
Und rette mich von Satans Macht,
Herr Jesu Christ, mein Heiland!
In deinem schrecklichen Gericht
Gedenk' es meinen Feinden nicht,
Was jetzt an mir sie freveln!

Und die des Irrtums Wahn betrügt
In ihres Herzens Grunde,
Und die der Antichrist belügt
Mit gottvergessenem Munde,
Erleuchte gnädig allerorts
Und laß das Licht, Herr, deines Worts
Weit in die Lande strahlen!"

Kriegsknechte hatten vor dem Dom
Weitschweifigen Kreis geringelt,
Von dem der Ketzer, welchen Rom
Gebannt, jetzt wurd' umzingelt;
Und mitten drinnen fachte man
Ein prasselnd Feuer jubelnd an
Und sprang, dem Rauch zu weichen.

Des Wykleff Schriften und des Hus
Drauf warf man in die Flammen
Und schlug die Händ' in Hochgenuß,
Wenn's knisterte, zusammen.
Ein roter Narr mit Wedelschwanz
Umsprang die Glut im Gaukeltanz
Und schnitt dazu Grimassen.

Die Bücher gabelt' er im Brand
　　Umher mit langem Haken
Und griff darnach mit kecker Hand,
　　Daß Knaben halb erschraken.
Dann hüpft' er durch die Lohe hindurch
Und schrie nach Wasser und Chirurg,
　　Wenn ihm der Zoddel brannte.

So trieb er's fort zwei Stunden fast,
　　Vom Lacherkreis umschlossen.
Sein halb verbrannter Schweif, voll Hast
　　Mit Wasser viel begossen,
Umpinselte den Böhmer oft
Und spritzt' ihm mehrmals unverhofft
　　Das Antlitz voller Jauche.

Die Sonne stieg die Bahn empor
　　Nach ihres Herrn Befehle,
Und von dem Lach= und Schreierchor
　　Ward durstig manche Kehle.
Sie tranken tapfer Wein und Meth
Und taumelten, wie umgeweht,
　　Und jolten um die Wette:

„Nitt by tagh, nain nitt! — by nacht
Sy Hans Hus zym fuyr bracht!
Nächtig fuyr isch gar schönn,
Gluith und plaart y käzzer drinn!"

Drauf thaten alle, Jung und Alt
    Und Pfaffenvolk, sich gütlich
Und machten sich den Aufenthalt
    Bei Schmauserei gemütlich
Und freuten sich dabei gar hoch,
Daß einen Ketzer heute noch
    Sie sollten seh'n verschmoren.

Und außerhalb der Mauer ward
    Der Brandstoß, schon geschichtet,
Mit Fahn' und Quast nach Festesart
    Von Mönchen zugerichtet,
Und Weiber warfen Linnen drauf
Vom Leibe, daß mit Hus zuhauf
    Auch ihre Sünde verbrenne.

„Gib meinem Durst doch einen Trunk!
    Bat Hus von seinem Wächter;
Ihr werdet heut trotz Pomp und Prunk
    Sonst keine Ketzerschlächter.
Ihr laßt's euch kosten Geld und Müh',
Und Schade wär's, wenn ich zu früh
    Aushauchte meine Seele!"

Mitleidig hielt der Knecht ihm dar
    Den Wein in seinem Kruge,
Doch als er roch, was drinnen war,
    Trank er mit keinem Zuge
Und bat um klares Wasser nur,
Wie's quill' auf jeder Wiesenflur,
    Und dankt', als man's ihm reichte.

Den Söldner aber tief bewegt
  Die Sanftmut und die Milde,
Die an den Tag der Fromme legt
  Bei jeglicher Unbilde.
Er tritt vor seinen Hauptmann hin
Und sagt mit edlem Biedersinn
  Den Dienst ihm auf für immer.

„Ich sah wol, spricht er, harten Stand
  Auf blutgetränkten Felden,
Bei Appenzell, im Glarnerland
  Verenden manchen Helden,
Doch Husens Mut im Angesicht
Des Todes fand mein Auge nicht
  Bei weltberühmten Kriegern.

Drum wähn' ich, dieser Böhmer sei
  Ein ungerecht Verdammter.
Ihr seid bei solcher Teufelei
  Des Pfaffenheers Beamter.
Ich aber leihe nimmermehr
Die Faust zu solcher Schandthat her,
  Da man verhöhnt die Unschuld.

Derhalben nehmet hier zurück
  Aus meiner Hand den Degen.
Von Kostnitz ist hinfort das Glück
  Entfloh'n und Gottes Segen.
Drum flieh' auch ich die Stadt alsbald,
Bevor der Rauch empor noch wallt
  Von des Gerechten Marter!"

Schon rollte jetzt der Sonnenball
    Abwärts auf seinem Geleise,
Als mit Getümmel, Hall und Prall
    Vom Kinde bis zum Greise
Die Horde, fiebrisch aufgerührt,
Den Hus in tollem Aufzug führt
Durch Straßen und durch Gassen.

Drei Bläser ritten hoch vorauf
    Auf rabenschwarzen Pferden,
Pausbackig blasend mit Geschnauf
    Und amtlichen Geberden.
Und ihr Geschmetter rief nicht träg
Den Pöbel auf dem ganzen Weg
An Fenstersims und Türen.

Und viele weinten bitterlich
    Des Mitleids schöne Zähren,
Und viele beteten bei sich,
    Gott möcht' ihm Schutz gewähren.
Doch andre spotteten verrucht
Und schimpften ohne Scheu und Zucht
Und warfen ihn mit Kieseln.

Doch Hus, auf seinem Todesgang
    Geführt von zwei Soldaten,
Gefolgt von Lotterbuben, sang
    Loblieder Gottes Thaten.
Viel Psalmen sang er in Latein,
Doch sang er auch dazwischenein
Dies Lied in deutschen Weisen:

„Herr, auf dich will ich vertrauen,
　　Hör mein Fleh'n, schenk mir dein Ohr!
Laß mich deine Hülfe schauen,
　　Zeuch mein Herz zu dir empor!

Sei mein starker Hort und Felsen;
　　Deines Namens eingedenk,
Hilf hinweg den Notstein wälzen,
　　Drunter sonst ich ganz versänk'.

Netze wurden mir gestellet,
　　Lockungsamen mir gestreut;
Aber du hast mir erhellet
　　Der Versuchung Dunkelheit.

Drum befehl' in deine Hände
　　Ich, o Vater, meinen Geist.
Sende mir Erlösten, sende
　　Tröstung, wie dein Wort verheißt.

Sieh, ich bin vom Feind umgeben,
　　Aller Orten lauert Tod;
Schmach umwallt mein krankes Leben,
　　Wie ein Mantel voller Kot.

Viele schelten mich und scheuen
　　Wie ein gräßlich Scheusal mich.
Doch wie Daniel bei Leuen
　　Trau' auf deinen Beistand ich.

Laß doch nicht zu Schanden werden
　　Deinen Knecht vor Spötterwut,

Vor der Bosheit Schmachgeberden,
  Vor des Feuers Höllenglut!

Ob ich gleich in meinem Zagen
  Mich vor dir verstoßen sah,
Hast du doch mich wohl getragen,
  Warst du doch mir liebreich nah.

Sei darum, Herz, unverzaget,
  Sinkt auch deine Hütt' in Staub,
Ueberm Grabesdunkel taget
  Licht, das keiner Nacht wird Raub."

So kamen sie langsamen Zugs
  An bei dem Scheiterhaufen.
Schaulustig war das Volk hier flugs
  Zusammen schon gelaufen,
Wo tausend Schritt vom Stadtwall nur
Auf Gottes grüner Sommerflur
  Der grause Holzstoß ragte.

Schon sank der heiße Junitag
  Hinab zur Abendkühle,
Und dick auf allem Volke lag
  Der Staub von dem Gewühle.
Von Hunger, Durst und Hitze matt,
Kam Hus an seine Marterstatt,
  Zum Tod in Gott ergeben.

Feſt trat er zum Gerüſt heran
Inmitten seiner Wächter.
Und ſchaut' es ohne Zwinkern an,
Ein hehrer Todverächter;
Er ſank auf seine Knie dahin
Und rief zum Herrn im Glaubensſinn
Mit Ernſt und Kraft und Inbrunſt.

Die Menge war darob erſtaunt,
Daß ſo ein Ketzer bete.
Doch trieb man bald ihn, arg gelaunt,
Daß auf die Füß' er trete.
Sie zogen ihm die Kleider aus
Und warfen dann ihm lang und kraus
Ein Pechhemd um die Glieder.

Sie führten jetzt ihn aufs Gerüſt
Und ſtellten ihn zum Pfahle,
Indes mit ſchauderndem Gelüſt
Rundum im weiten Thale
Die Hundert' und die Tauſende hoch
Die Hälſe reckten, daß ſie doch
Das Opfer möchten ſchauen.

Die Henkersknechte banden dann
An Hand und Fuß und Rücken
Den Frommen an den Brandpfahl an
Mit naſsgemachten Stricken
Und ſtopften Werg, mit Oel getränkt,
Am Hals, wo roſtige Kette hängt,
Und zwiſchen Pfahl und Schenkel.

7

Auch schütteten sie über Hus
  Des Oeles glatte Flüsse,
Daß aus dem Bart vor seinen Fuß
  Entriefelten die Güsse.
Er schlug den Blick zum Himmel auf
Und seufzte still zu Gott hinauf:
  „Herr, straf sie nicht im Zorne!"

Doch Kurfürst Ludwig von der Pfalz
  Ritt schnell heran und sagte —
In jedes Ohr der Menge hallt's,
  Die kaum zu atmen wagte —:
„Johannes Hus vom Böhmerland,
Du stehest schon am Grabesrand:
  Kehr um und widerrufe!

Noch einen kurzen Augenblick,
  So züngeln auf die Flammen
Und zehren weg dich Stück für Stück
  Und äschern dich zusammen;
Du fährst verflucht aus dieser Welt
Und wirst zu Teufeln dort gesellt:
  Kehr um und widerrufe!

Du bist dem Herrn zu Schmach und Spott
  In Satans Strick geraten.
Nun senden wir dich hin vor Gott
  Und lassen jetzt dich braten.
Ich bitte dich inbrünstiglich,
Um Gotteswillen fleh' ich dich:
  Kehr um und widerrufe!"

Gar vieler Wangen wurden blaß,
  Die sonst wie Rosen blühten,
Und vieler Augen wurden naß
  Und vieler Herzen glühten.
Hus seufzt' empor ein leis Gebet
Und sagte dann, wie ein Prophet
  Entrückt von Gottes Geiste:

„Heut bratet ihr 'ne magre Gans,
  Jedoch nach hundert Jahren
Hört ihr das Singen eines Schwans,
  Wie ihr's noch nie erfahren;
Der wird für euer Netz kein Fang,
Ihr werdet auch sein Leben lang
  Ihn ungebraten lassen!"

Mitleidig ritt der Fürst und voll
  Bewunderung von hinnen.
Die Schranzen aber wurden toll
  Im höllischen Beginnen,
Sie griffen nach den Fackeln jetzt
Und steckten, rings vom Volk gehetzt,
  Sechsfach in Brand den Holzstoß.

Der Abendwind bog Zweig und Halm,
  Doch wollt' es lang nicht brennen.
Nur dicker stets stieg auf der Qualm,
  Den bald die Lüfte trennen.
Der Märtyrer stand still am Pfahl
Und harrte seiner Todesqual,
  Mit Gott versöhnt und Menschen.

Ein Greis von achtzig Jahren kam
Gewankt mit einem Bündel
Von dürren Reisern jetzt und nahm,
Umjubelt vom Gesindel,
Vom Haufen einen Scheiterbrand
Und zündet's an in seiner Hand
Und warf's ihm vor die Füße.

„O heilig' Einfalt! sagte Hus
Mit wehmutvollem Munde,
Indes in Aller Augen Ruß
Und Rauch weht' in die Runde.
Wer solch ein gottlos Werk dich lehrt
Und dich durch Teufelstrug betört,
Der hat es größere Sünde."

Jetzt hüllte stinkig wüster Rauch
Ihn ein in schwarze Wolke,
Und dreimal rief sein letzter Hauch
Noch hörbar allem Volke:
„O Jesu Christ, du Gottessohn,
Erhöre mich vom Himmelsthron
Und laß dich mein erbarmen!"

Und dicker wallt der Rauch empor
Und stille wird es drinnen.
Ein jäher Windstoß fährt hervor
Und treibt den Qualm von hinnen,
Da wird er sichtbar Jung und Alt:
Tief ist geneigt des Hauptes Gestalt,
Kein Odem hebt die Brust mehr.

Dann loderten an ihm mit Macht
  Hinauf die roten Lohen.
Als hinter Alpen vor der Nacht
  Die Sonne war entflohen,
Ward in ein Fell geschaufelt ein
Des Frommen Asch' und dann im Rhein
  Geworfen auf die Wogen.

www.ingramcontent.com/pod-product-compliance
Lightning Source LLC
Chambersburg PA
CBHW030545270326
41927CB00008B/1521